천자문
쓰기

천자문 쓰기

초판 1쇄 인쇄_2020년 3월 25일 | **초판 1쇄 발행**_2020년 3월 30일
엮은이_김한일
펴낸이_진성옥 외 1인 | **펴낸곳**_꿈과희망
디자인 · 편집_김재경
주소_서울시 용산구 한강대로76길 11-12 5층 501호(남영동 99-1)
전화_02)2681-2832 | **팩스**_02)943-0935 | **출판등록**_제2016-000036호
E-mail_ jinsungok@empas.com
ISBN_979-11-6186-071-8   13710
※ 책 값은 뒤표지에 있습니다.
※ 새론북스는 도서출판 꿈과희망의 계열사입니다.

천자문 쓰기

꿈과희망

천자문은 …

《천자문》은 중국 양나라 때 사람인 주흥사가 글을 짓고, 왕희지의 필적을 모아서 만들었다고 한다. 당나라 이후에 널리 보급되어 기초 한자 교본으로 잘 알려져 있다.

《천자문》에는 天(하늘 천), 地(땅 지), 玄(검을 현), 黃(누를 황)… 등으로 1,000자가 씌어져 있는데, 글자들이 의미 없이 아무렇게나 나열되어 있는 것은 아니다. 《천자문》은 단순한 한자 교본이 아니라 '시'인데, 한자를 네 자씩 짝지어서 250개의 구로 엮은 것이다. 그것을 모두 더하면 정확하게 1,000자가 된다.

학자인 주흥사가 죄를 지어 사형을 당하게 되었을 때, 그의 죽음을 안타까워한 황제인 무제(武帝)가 그에게 1,000자를 주며 제안을 했다.

"이 천 자의 글자로 글을 지어 보아라. 같은 글자를 두 번 쓰지 않고 문장이 되도록 글을 짓는다면 용서해 주겠노라."

이렇게 해서 탄생한 것이 바로 《천자문》이다.

주흥사는 어찌나 머리를 쥐어짰는지 《천자문》을 다 지었을 때, 검은 머리카락이 온통 하얗게 세었다고 한다.

《천자문》은 당나라 이후에 널리 보급되어 많은 사람들에게 알려졌다.

우리나라에 전해진 시기는 확실하지 않지만 삼국 시대 이후 한문 공부를 하는 가장 기초적인 교본으로 널리 읽혔다고 한다.

천자문은 조선 시대 때 각 가정에 한 권쯤 다 있었던 책이다. 왕실에서도 왕자들을 가르치기 위하여 천자문을 사용했는데, 특별히 여러 빛깔의 색종이로 화려하게 만들었다고 한다.

한자의 구성

한자는 만들어진 원리에 따라 상형(象形)·지사(指事)·회의(會意)·형성(形聲)·전주(轉注)·가차(假借)의 여섯 가지로 나뉜다.

(1) 상형 : 실제 사물의 모습을 그대로 본떠 만든 글자로, 비교적 간단한 선으로 사물의 특징을 묘사하는 방식이다. 『설문해자』에서는 사물의 물상을 형체에 따라 그려내는 것으로 '날 일(日)'과 '달 월(月)'이 해당한다.

(2) 지사 : 상형이 그려낼 수 있는 구체적 사물을 대상으로 글자를 만드는 방식인 데 비해, 지사는 점과 선을 이용해 상징적인 부호로 나타내는 글자를 말한다. 즉, 추상적인 개념을 기호로 표현한 글자라 할 수 있다. 『설문해자』에서는 보면 금방 알 수 있고, 살펴보면 뜻이 드러나는 것으로, '위 상(上)', '아래 하(下)'가 그 예이다.

(3) 회의 : 두 개 혹은 두 개 이상의 상형문자나 지사문자를 합쳐 새로운 의미의 글자를 만드는 방법이다. '풀 해(解)' 자는 '칼 도(刀)'와 '소 우(牛)', '뿔 각(角)'의 세 글자로 이루어져 있다.

(4) 형성 : 의미를 나타내는 부분과 소리를 나타내는 부분을 조합하여 새로운 글자를 만들어 내는 방법이다. '형(形)'은 글자의 의미나 소속을 나타내고, '성(聲)'은 같거나 비슷한 발음을 표시하는 방식이다.

(5) 전주 : 이미 만들어진 글자의 본래 뜻으로부터 유추해서 다른 글자로 호환하여 사용하는 글자의 운용 방식이다. '노(老)' 자와 '고(考)' 자를 예로 들 수 있다.

(6) 가차 : 기존의 글자가 담고 있는 뜻은 두고 소리를 빌려 사용하거나, 원래는 글자가 없었으나 음성에 기초하여 기존의 글자를 차용해 사용하는 글자의 운용 방식이다. 본래 글자가 없었으나 소리와 사물의 형상에 기대어 만들어진 글자이다.

한자를 쓰는 순서

한자는 다음과 같은 순서에 따라 쓴다.

1) 위에서 아래로 쓰는 경우 : 三　言

2) 왼쪽에서 오른 쪽으로 쓰는 경우 : 川　側

3) 가로 획을 먼저 쓰는 경우 :
　① 가로획→ 세로획의 순서 : 十　土
　② 가로획→ 세로획→ 세로획의 순서 : 共　算
　③ 가로획→ 가로획→ 세로획의 순서 : 用　耕

4) 세로 획을 먼저 쓰는 경우 :
　① 田과 비슷한 경우 : 田　角　再　曲
　② 王과 비슷한 경우 : 王　生　集　馬

5) 가운데를 먼저 쓰는 경우 : 小　水　業　樂

6) 둘레를 먼저 쓰는 경우 : 同　內　風　國

7) 꿰뚫는 세로획이나 가로획을 나중에 쓰는 경우 : 中　女

8) 오른쪽 위의 점을 쓰는 경우 : 成　犬

9) 받침이나 아래를 둘러 에우는 획을 쓰는 경우 :
　① 먼저 쓸 때 : 近　建
　② 나중에 쓸 때 : 起　題

天	地	玄	黃
하늘 **천**	땅 **지**	검을 **현**	누를 **황**
一 二 チ 天	一 土 圵 地	丶 二 亠 玄	卄 苧 黃 黃

풀이

天地玄黃(천지현황)
하늘은 그 빛이 검고 땅은 누르니, 즉 천지 창조 근원의 빛깔을
말함.

宇	宙	洪	荒
집 **우**	집 **주**	넓을 **홍**	거칠 **황**
丶 宀 宀 宇	丶 宀 宀 宙	氵 沪 洪 洪	艹 芒 芒 荒

풀이

宇宙洪荒(우주홍황)
하늘과 땅의 사이는 넓어 시작과 끝이 없고, 세상은 무한히 넓
다는 말.

日	月	盈	昃
날 **일**	달 **월**	찰 **영**	기울 **측**
丨 冂 冃 日	丿 刀 月 月	乃 乃 盈 盈	冂 日 尸 昃

풀이

日月盈昃(일월영측)
해도 서쪽으로 기울고 달도 차면 이지러지는, 우주의 진리를
말함.

辰	宿	列	張
별 **진**	잘 **숙**	벌릴 **렬**	베풀 **장**
厂 戸 乕 辰	宀 宁 宿 宿	一 丁 歹 列	丆 弓 張 張

풀이

辰宿列張(진숙열장)
진과 숙, 즉 별들이 해나 달처럼 하늘에 넓게 펼쳐져 있음.

寒	來	暑	往
찰 **한**	올 **래**	더울 **서**	갈 **왕**
宀宨寒寒	十朩朩來	旦早累暑	丿彳彳往

풀이

寒來暑往(한래서왕)
찬 것이 오면 더운 것이 가는 등 사시사철의 바뀜을 말함.

秋	收	冬	藏
가을 **추**	거둘 **수**	겨울 **동**	감출 **장**
二禾禾秋	丬丩丩收	丿夂冬冬	艹芓蔴藏

풀이

秋收冬藏(추수동장)
가을에는 곡식을 거둬들이고 겨울이 오면 거둬들여 저장한다는 말.

閏	餘	成	歲
윤달 **윤**	남을 **여**	이룰 **성**	해 **세**
l 尸門閏	夂飠飮餘	厂厅成成	卜屵崇歲

풀이

閏餘成歲(윤여성세)
일 년 열두 달, 그 나머지 시각을 모아 윤달로 하여 해를 이루었음.

律	呂	調	陽
법칙 **률**	풍류 **려**	고를 **조**	볕 **양**
丿彳伊律	丶口尸呂	亠言訓調	阝阝阻陽

풀이

律呂調陽(율려조양)
천지간의 양기를 고르게 한다,
즉 율은 양이요 여는 음을 가리킴.

雲	騰	致	雨
구름 **운**	오를 **등**	이를 **치**	비 **우**
厂雫雲雲	月 胖 胖騰	又 至 致致	一 行 雨雨

풀이

雲騰致雨(운등치우)
수분이 증발해 올라가 구름이 되는 등 천지자연의 기상을 이르는 말.

露	結	爲	霜
이슬 **로**	맺을 **결**	할 **위**	서리 **상**
厂雫雲露	幺 糸 結結	厂 尸 爲爲	厂 雫 霜霜

풀이

露結爲霜(노결위상)
밤의 차가운 기운에 물방울인 이슬이 서리로 변함을 말함.

金	生	麗	水
쇠 **금**	날 **생**	빛날 **려**	물 **수**
ノ 人 全金金	ノ ヒ 七生	丽 丽麗麗	亅 オ 水水

풀이

金生麗水(금생여수)
금은 중국 여수에서 난다는 말로, 여수는 사금이 나온다고 함.

玉	出	崑	岡
구슬 **옥**	날 **출**	메 **곤**	언덕 **강**
一 二 干玉	丨 屮出出	屮 峃 崑崑	丨 冂 岡岡

풀이

玉出崑岡(옥출곤강)
옥은 곤강(崑岡)에서 난다는 말인데. 곤강은 중국에 있는 산의 이름.

劍	號	巨	闕
칼 검	이름 호	클 거	집 궐
𠂊 𠂈 㑒 劍	𠮷 号 𧆃 號	一 厂 𠃉 巨	𨳆 門 閼 闕

풀이

劍號巨闕(검호거궐)
거궐(巨闕)은 칼 이름, 즉 중국 옛 조나라의 국보를 가리키는 말.

珠	稱	夜	光
구슬 주	일컬을 칭	밤 야	빛 광
二 𤣩 珒 珠	二 𥝋 秆 稱	亠 疒 夼 夜	丨 ⺌ 兯 光

풀이

珠稱夜光(주칭야광)
구슬 가운데는 '야광'이라는 것이 있다는 것으로, 구슬의 빛이 영롱하여 야광이라 칭했음.

果	珍	李	奈
과실 과	보배 진	오얏 리	능금나무 내
口 日 甲 果	二 𤣩 玠 珍	十 木 李 李	十 木 杢 奈

풀이

果珍李奈(과진이내)
과실 중에 오얏과 능금 과일 맛이 진미이고 훌륭함을 말함.

菜	重	芥	薑
나물 채	무거울 중	겨자 개	생강 강
艹 𦬊 苹 菜	二 𠂤 𡨄 重	十 艹 艾 芥	十 艹 䒩 薑

풀이

菜重芥薑(채중개강)
나물은 겨자와 생강이 중하다, 나물의 맛은 양념이 중요하다는 뜻임.

海	鹹	河	淡
바다 **해**	짤 **함**	물 **하**	맑을 **담**
氵氵汽海海	「鹵鹹鹹鹹	氵汀沪河	氵氵沙淡淡

풀이

海鹹河淡(해함하담)
바닷물은 짜고 강에 흐르는 민물은 아무런 맛도 없고 맑다는 말.

鱗	潛	羽	翔
비늘 **린**	잠길 **잠**	깃 **우**	날개 **상**
魚鱼鮮鱗鱗	氵汀潛潛潛	丁丑羽羽	羊羊羿翔翔

풀이

鱗潛羽翔(인잠우상)
비늘 있는 고기는 물속에 잠기고 날개가 있는 새는 날아다닌다는 말.

龍	師	火	帝
용 **룡**	스승 **사**	불 **화**	임금 **제**
立育龍龍	𠂤𠂤𠂤師師	丶丷少火	亠亠产帝

풀이

龍師火帝(용사화제)
복희씨는 용으로 벼슬을 기록하고 신농씨는 불로 기록하였다는 말.

鳥	官	人	皇
새 **조**	벼슬 **관**	사람 **인**	임금 **황**
丿户鳥鳥	宀宁官官	丿人	白白皇皇

풀이

鳥官人皇(조관인황)
소호씨는 새로써 벼슬을 기록하고, 황제는 사람의 문화를 열었다는 말.

始	制	文	字
비로소 **시**	지을 **제**	글월 **문**	글자 **자**
ㄑ 攵 始始	ㄐ ㄴ 告 制	㇏ 亠 ナ 文	㇏ 宀 字 字

乃	服	衣	裳
이에 **내**	옷 **복**	옷 **의**	치마 **상**
㇒ 乃	刀 月 服 服	亠 ナ ㆆ 衣	⺌ 尚 堂 裳

풀이

始制文字(시제문자)
복희씨는 신하인 창힐에게 새 발자취를 보고 글자를 만들게 하였음.

풀이

乃服衣裳(내복의상)
황제가 의관을 지어 등분을 분별하고 위품을 엄숙하게 하였다는 말.

推	位	讓	國
밀 **추**	자리 **위**	사양할 **양**	나라 **국**
扌 扑 推 推	㇒ 亻 仵 位	言 譚 謹 讓	冂 冂 冋 國

有	虞	陶	唐
있을 **유**	나라 **우**	질그릇 **도**	나라 **당**
一 ナ 冇 有	⺊ 广 唐 虞	⻖ 阝 阼 陶	广 庐 唐 唐

풀이

推位讓國(추위양국)
벼슬을 미루고 나라를 사양했다, 즉 요임금이 순임금에게 전위했다는 말.

풀이

有虞陶唐(유우도당)
유우는 순임금이요 도당은 요임금, 다시 말해 중국 고대 제왕을 말함.

弔	民	伐	罪
조상할 **조**	백성 **민**	칠 **벌**	허물 **죄**
⁻⁻弓弔	⁻⁻尸民	ノイ代伐	⁻⁻罒罪罪

풀이

弔民伐罪(조민벌죄)
불쌍하고 착한 백성을 돕고 죄지은 백성에게는 벌을 내렸다는 말.

周	發	殷	湯
두루 **주**	필 **발**	나라 **은**	끓을 **탕**
丿刀冃周	夕癶癶發發	厂𠂤𠂤殷	氵汩泪湯

풀이

周發殷湯(주발은탕)
주발은 무왕의 이름, 은탕은 왕의 칭호임.

坐	朝	問	道
앉을 **좌**	아침 **조**	물을 **문**	길 **도**
⼂ ⼂⼂坐坐	⼗古𠦝朝	冂冃門問	⼀⼊首道

풀이

坐朝問道(좌조문도)
조정에 앉아 백성을 다스릴 올바른 길을 묻는다는 말.

垂	拱	平	章
드리울 **수**	손맞잡을 **공**	평평할 **평**	글 **장**
⼀⺁壬垂垂	⼁扌拱拱	⼀⼊二平	⼀音音章

풀이

垂拱平章(수공평장)
잘 다스려질 때에는 옷을 드리우고 손을 맞잡아 한가히 있어도 평화롭고 밝은 정치가 행해진다는 말.

愛	育	黎	首
사랑 **애**	기를 **육**	검을 **려**	머리 **수**
爫 罒 悉 愛	亠 云 育 育	禾 利 黎 黎	丷 屰 首 首

풀이

愛育黎首(애육여수)
명군(明君)이 천하를 다스림에 백성을 사랑하고 양육함을 말함.

臣	伏	戎	羌
신하 **신**	엎드릴 **복**	오랑캐 **융**	오랑캐 **강**
一 丆 丐 臣	亻 仁 伏 伏	一 于 戎 戎	丷 丰 羌 羌

풀이

臣伏戎羌(신복융강)
애육여수처럼 나라를 다스리면, 모든 오랑캐들도 신하가 되어 엎드린다는 말.

遐	邇	壹	體
멀 **하**	가까울 **이**	한 **일**	몸 **체**
厂 尸 叚 遐	亇 峫 爾 邇	士 声 壹 壹	罒 骨 體 體

풀이

遐邇壹體(하이일체)
먼 나라, 가까운 나라가 그 덕망에 돌아오게 하며 일체가 된다는 말.

率	賓	歸	王
거느릴 **솔**	손 **빈**	돌아올 **귀**	임금 **왕**
亠 玄 淬 率	宀 宀 宭 賓	自 皀 歸 歸	一 二 千 王

풀이

率賓歸王(솔빈귀왕)
거느리고 복종해 왕에게 돌아오니, 사람이 덕을 입어 복종함을 말함.

♣ 한자의 뜻과 음을 읽으며 쓰세요.

鳴	鳳	在	樹
울 **명**	봉황새 **봉**	있을 **재**	나무 **수**
ㅁ 吖 鳴鳴	几 凡 鳳鳳	一 ナ 在在	木 桁 桔樹

풀이

鳴鳳在樹(명봉재수)
덕망이 미치는 곳마다 봉황이 나무 위에서 운다는 말.

白	駒	食	場
흰 **백**	망아지 **구**	밥 **식**	마당 **장**
ノ イ 白白	馬 駒駒	入 今 食食	土 圻 坍場

풀이

白駒食場(백구식장)
흰 망아지도 덕에 감화, 사람을 따르며 마당풀을 뜯어 먹게 된다는 말.

化	被	草	木
될 **화**	입을 **피**	풀 **초**	나무 **목**
ノ イ 化	㇈ ネ 祈被	艹 苩草	一 十 才木

풀이

化被草木(화피초목)
덕화(德化)가 사람, 짐승뿐만 아니라 모든 초목에까지도 미침을 말함.

賴	及	萬	方
힘입을 **뢰**	미칠 **급**	일만 **만**	모 **방**
口 束 軻賴	ノ 乃 乃及	艹 苩 萬萬	丶 亠 方方

풀이

賴及萬方(뇌급만방)
만방이 지극히 크며 넓으나 어진 덕이 고루고루 미치게 된다는 말.

蓋	此	身	髮
덮을 개	이를 차	몸 신	터럭 발
艹芦芦蓋蓋	丨止此此	丿月自身	髟镸髟髮髮

四	大	五	常
넉 사	큰 대	다섯 오	떳떳할 상
丨冂四四	一ナ大	一丁五五	艹严常常

풀이

蓋此身髮(개차신발)
몸에 털이 없는 사람은 없다는 것을 말함.

풀이

四大五常(사대오상)
사대(四大)는 천지군친(天地君親)이요, 오상(五常)은 인의예
지신(仁義禮智信)을 말함.

恭	惟	鞠	養
공손할 공	오직 유	기를 국	기를 양
十 艹共恭	忄忄忤惟	艹革靪鞠	艹羊美養

豈	敢	毁	傷
어찌 기	감히 감	헐 훼	상할 상
山岂豈豈	工耳取敢	白皇即毁	亻仴傷傷

풀이

恭惟鞠養(공유국양)
국양함을 오직 공손히 하라, 몸은 부모의 자애로 길러졌기 때
문임.

풀이

豈敢毁傷(기감훼상)
부모가 주신 몸을 상하게 하든지 이름을 더럽히는 것은 불효라
는 말.

女	慕	貞	烈	男	效	才	良
계집 **여**	사모할 **모**	곧을 **정**	매울 **렬**	사내 **남**	본받을 **효**	재주 **재**	어질 **양**
人女女	艹苗莫慕	卜广貞貞	歹列列烈	口田甲男	亠交効效	一十才	彐尹艮良

풀이

女慕貞烈(여모정렬)
여자는 정조를 지키고 행실을 잘함으로 몸이 욕되지 않게 된다는 말.

풀이

男效才良(남효재량)
남자는 재능을 닦고 어진 것을 본받아야 한다는 말.

知	過	必	改	得	能	莫	忘
알 **지**	지날 **과**	반드시 **필**	고칠 **개**	얻을 **득**	능할 **능**	말 **막**	잊을 **망**
仁矢知知	口丹咼過	丶丷必必	己巳改改	彳但得得	厶自能能	艹苩莫	丶亡忘忘

풀이

知過必改(지과필개)
사람은 허물에 있게 마련이니 알면 반드시 고쳐야 한다는 말임.

풀이

得能莫忘(득능막망)
모든 것을 배우고 얻은 후에는 잊지 않도록 노력해야 한다는 말.

罔	談	彼	短
없을 망	말씀 담	저 피	짧을 단
l 冂 罔 罔	冫 言 談 談	ノ 彳 孙 彼	亠 矢 矩 短

풀이

罔談彼短(망담피단)
자기의 단점을 말하지 않는 동시에 남의 잘못도 욕하지 말아야 함.

靡	恃	己	長
아닐 미	믿을 시	몸 기	긴 장
亠 广 麻 靡	忄 忄 恃 恃	丁 コ 己	「 트 長 長

풀이

靡恃己長(미시기장)
자신의 특기와 장점을 자랑치 말라. 그러면 더욱 발전이 있다는 말임.

信	使	可	覆
믿을 신	부릴 사	옳을 가	엎을 복
亻 信 信 信	亻 亻 使 使	一 丁 丁 可	一 西 罘 覆

풀이

信使可覆(신사가복)
믿음은 움직일 수 없는 것이 진리이고 약속은 반드시 실행해야 함.

器	欲	難	量
그릇 기	욕심 욕	어려울 난	헤아릴 양
口 吅 哭 器	八 谷 谷 欲	艹 莫 葉 難	口 旦 昌 量

풀이

器欲難量(기욕난량)
사람의 욕심과 기량은 깊고 깊어서 남이 헤아리기 어려움을 말함.

墨	悲	絲	染
먹 **묵**	슬플 **비**	실 **사**	물들일 **염**
四里黑墨	ﾉﾔ非悲	ㄠ糸絲絲	ﾚ氿染染

詩	讚	羔	羊
글 **시**	기릴 **찬**	양새끼 **고**	양 **양**
一言詩詩	言讃讚讚	ソ兰羊羔	ソ兰羊

풀이

墨悲絲染(묵비사염)
흰 실에 검은 물이 들면 다시 희지 못함을 슬퍼하듯, 좋은 성품이 환경에 따라 변하는 것을 슬퍼함.

풀이

詩讚羔羊(시찬고양)
시전 교양 편에 문왕의 덕을 입어 남국대부가 정직하게 됨을 칭찬함.

景	行	維	賢
볕 **경**	갈 **행**	벼리 **유**	어질 **현**
日旦昙景	ﾉｲ彳行	ㄠ糸綒維	臣臤腎賢

克	念	作	聖
이길 **극**	생각 **념**	지을 **작**	성서러울 **성**
一十古克	人今念念	ﾉｲ作作	丆耳耵聖

풀이

景行維賢(경행유현)
행실을 훌륭하고 당당하게 하면 어짊으로 선망의 대상이 됨을 말함.

풀이

克念作聖(극념작성)
성인의 언행을 잘 배워서 수양을 쌓으면 자연 성인이 됨을 말함.

♣ 한자의 뜻과 음을 읽으며 쓰세요.

德	建	名	立
큰 덕	세울 건	이름 명	설 립
彳徣德德	ㅋㅋ津建	ノ夕夕名	、二方立

形	端	表	正
형상 형	끝, 단정할 단	겉 표	바를 정
一二开形	立立端端	三丰表表	一下正正

풀이

德建名立(덕건명립)
덕을 쌓아 베풀어 행하면 자연히 이름도 서서 떨치게 될 것임.

풀이

形端表正(형단표정)
몸의 형상이 단정하면 마음도 바르며 그 훌륭함이 표면에 나타남.

空	谷	傳	聲
빌 공	골 곡	전할 전	소리 성
、宀宍空	八父谷谷	亻伯傳傳	士声殸聲

虛	堂	習	聽
빌 허	집 당	익힐 습	들을 청
广虍虛	业尚堂	ㄱㅋ羽習	耳耴聪聽

풀이

空谷傳聲(공곡전성)
군자의 말은 마치 빈 골짜기에 산울림이 전해지듯 멀리 퍼져 나감.

풀이

虛堂習聽(허당습청)
넓고 빈 방에서 내는 소리가 울리듯, 은밀히 나누는 말도 세상에 알려진다는 뜻.

禍	因	惡	積
재앙 **화**	인할 **인**	악할 **악**	쌓을 **적**
禾 衤 祸 禍	丨 冂 冈 因	一 严 亞 惡	二 禾 秸 積

풀이

禍因惡積(화인악적)
재앙은 악한 짓을 쌓는 데서 온다는 말.

福	緣	善	慶
복 **복**	인연 **연**	착할 **선**	경사 **경**
二 示 祁 福	幺 糸 緣 緣	ソ 羊 盖 善	广 庐 庻 慶

풀이

福緣善慶(복연선경)
복은 착한 일로부터 오니 착한 일을 하면 행복과 좋은 일이 온다는 말.

尺	璧	非	寶
자 **척**	구슬 **벽**	아닐 **비**	보배 **보**
ﾌ ｺ 尸 尺	尸 臂 辟 璧	丿 ｷ 非 非	宀 宓 窨 寶

풀이

尺璧非寶(척벽비보)
한 자 크기의 구슬이라고 해서 결코 보배라고는 할 수 없다는 말.

寸	陰	是	競
마디 **촌**	그늘 **음**	이 **시**	다툴 **경**
一 十 寸	ﾖ 阽 陰 陰	口 므 早 是	立 竟 竞 競

풀이

寸陰是競(촌음시경)
한 자 크기의 구슬보다 촌각이 더 귀중하니 시간을 아껴야 함.

♣ 한자의 뜻과 음을 읽으며 쓰세요.

資	父	事	君
바탕 **자**	아비 **부**	섬길 **사**	임금 **군**
丶 冫 次 資資	丿 八 分 父	一 口 写 事	フ ヨ 尹 君君

日	嚴	與	敬
가로대 **왈**	엄할 **엄**	더불어 **여**	공경 **경**
丨 冂 曰 日	罒 严 屓 嚴	ㅌ 甶 與與	艹 苟 苟 敬

풀이

資父事君(자부사군)
아버지를 섬기는 것을 바탕으로 하여 임금을 섬기는 것이니,
아버지를 섬기는 효도로 임금을 섬겨야 한다는 말.

풀이

日嚴與敬(왈엄여경)
임금을 대하는 데는 엄숙함과 공경함이 있어야 한다는 말.

孝	當	竭	力
효도 **효**	마땅할 **당**	다할 **갈**	힘 **력**
一 土 耂 孝	少 半 常 當	一 立 竭竭	フ 力

忠	則	盡	命
충성 **충**	곧 **즉**	다할 **진**	목숨 **명**
口 中 忠忠	冂 目 貝 則	ヨ 聿 肃 盡	人 人 合 命

풀이

孝當竭力(효당갈력)
부모를 섬기는 데 있어서는 온 힘을 다해야 마땅할 것이라는
말.

풀이

忠則盡命(충즉진명)
임금을 섬기는 데 있어서는 목숨을 바칠 각오가 되어 있어야
한다는 말.

臨	深	履	薄
임할 **임**	깊을 **심**	밟을 **리**	얇을 **박**
彡臣 郎臨臨	氵汀汈深深	尸屈屈履	艹芦莆薄薄

풀이

臨深履薄(임심리박)
부모님을 대할 때 깊은 물가에 다다른 듯 살얼음을 밟듯이 하라는 말.

夙	興	溫	淸
일찍 **숙**	일 **흥**	따뜻할 **온**	맑을 **청**
丿 几凡夙	𦥑 佃 嗣興興	氵沪泗溫	氵氵浐淸

풀이

夙興溫淸(숙흥온청)
일찍 일어나 춥고 더운 것을 살피는 게 부모 섬기는 절차임을 말함.

似	蘭	斯	馨
같을 **사**	난초 **란**	이 **사**	향기 **형**
丿亻仂似	艹芦萠蘭	十甘其斯	士声殸馨

풀이

似蘭斯馨(사란사형)
난초와 같이 맑으며 꽃다우니 군자의 지조를 비유한 것임.

如	松	之	盛
같을 **여**	솔 **송**	갈 **지**	성할 **성**
く女如如	十木朳松	丶亠𠂆之	厂成成盛

풀이

如松之盛(여송지성)
소나무같이 사시 청청하고 성함은 군자의 지조를 비유한 것임.

川	流	不	息
내 천	흐를 류	아니 불	쉴 식
ノ 刂 川	氵 沪 浐 流	一 プ オ 不	ノ 自 息 息

풀이

川流不息(천류불식)
냇물은 흐름이 쉬지 않으니 군자의 행동을 말한 것임.

淵	澄	取	暎
못 연	맑을 징	취할 취	비칠 영
氵 沪 沪 淵	氵 沪 泮 澄	丁 耳 耳 取	几 日 旷 暎

풀이

淵澄取暎(연징취영)
못의 물이 맑아서 비치우니, 즉 군자의 맑은 마음을 말한 것임.

容	止	若	思
얼굴 용	그칠 지	같을 약	생각 사
宀 宠 突 容	丨 ㅏ 止 止	十 艹 芋 若	口 田 思 思

풀이

容止若思(용지약사)
매무새와 몸가짐을 마치 생각하는 듯이 침착한 태도를 가져야 함.

言	辭	安	定
말씀 언	말씀 사	편안할 안	정할 정
丶 亠 言 言	ˊ 裔 裔 辭	丶 宀 安 安	丶 宀 宇 定

풀이

言辭安定(언사안정)
태도만 침착할 것이 아니라 말조심하고 쓸데없는 말을 삼가라는 말.

篤	初	誠	美
도타울 **독**	처음 **초**	정성 **성**	아름다울 **미**
⺮ ⺮ 筐 篤	⺈ ㄱ ネ 初	言 言 訪 誠	⺷ ⺷ 羊 美

풀이

篤初誠美(독초성미)
무슨 일을 하더라도 처음에 정성과 아름다운 마음씨가 두터워야 함.

愼	終	宜	令
삼갈 **신**	끝 **종**	마땅할 **의**	하여금 **령**
⺖ ⺖ 愼 愼	糸 糸 終 終	⼧ 宀 宜 宜	人 亼 今 令

풀이

愼終宜令(신종의령)
무슨 일이든지 처음뿐만 아니라 끝맺음도 훌륭하게 맺어야 한다는 말.

榮	業	所	基
영화 **영**	업 **업**	바 **소**	터 **기**
⺌ ⺌ 丝 榮	⺌ ⺌ 丵 業	⼾ 戶 所 所	⼀ 其 其 基

풀이

榮業所基(영업소기)
이상과 같이 잘 지키면 자기 일이 번성하는 기본이 되는 것임.

籍	甚	無	竟
떠들썩할 **자**	심할 **심**	없을 **무**	마침내 **경**
⺮ 箬 籍 籍	⼀ 其 其 甚	⺁ 𠂉 無 無	⼇ 立 音 竟

풀이

籍甚無竟(자심무경)
그뿐 아니라 자신의 명예스러운 이름은 길이길이 전해진다는 것임.

26

學	優	登	仕
배울 **학**	넉넉할 **우**	오를 **등**	벼슬할 **사**
⺦ ⺤ 與學	亻 俥 優優	⼣ ⼧ 啓登	丿 亻 仁 仕

풀이

學優登仕(학우등사)
사람은 넉넉히 배워야 하며 배운 것이 많으면 벼슬에 오를 수 있음.

攝	職	從	政
잡을 **섭**	직책 **직**	좇을 **종**	정사 **정**
扌 揖攝攝	月 耶 聀職	彳 从 伴從	下 正 政政

풀이

攝職從政(섭직종정)
벼슬을 잡아 정사를 좇으니 국가 정사에 종사함.

存	以	甘	棠
있을 **존**	써 **이**	달 **감**	아가위 **당**
一 才 存存	⼂ ⼂ 以以	一 十 廿甘	⺌ ⺍ 堂棠

풀이

存以甘棠(존이감당)
주나라의 소공이 남국의 감당수 아래에서 백성을 교화했음.

去	而	益	詠
갈 **거**	말이을 **이**	더할 **익**	읊을 **영**
一 十 土去	一 丆 丙而	八 公 谷益	亠 言 訃詠

풀이

去而益詠(거이익영)
소공이 죽은 후 남국 백성이 그 덕을 사모해 감당시를 읊었다고 함.

樂	殊	貴	賤
풍류 **악**	다를 **수**	귀할 **귀**	천할 **천**
白 絈 樂 樂	ㄱ 歹 殊 殊	口 虫 昔 貴	月 貝 賤 賤

풀이

樂殊貴賤(악수귀천)
음악은 귀하거나 천한 신분에 따라 달리함.

禮	別	尊	卑
예절 **예**	분별할 **별**	높을 **존**	낮을 **비**
二 禾 禮 禮	口 呉 另 別	八 酋 酋 尊	ㅓ 白 申 卑

풀이

禮別尊卑(예별존비)
예도는 윗사람과 아랫사람을 가려서 했으니, 군신과 부자 등의 차별이 있다는 말.

上	和	下	睦
위 **상**	화할 **화**	아래 **하**	화목할 **목**
l ㅑ 上	二 ㅓ 禾 和	一 丁 下	目 旷 睦 睦

풀이

上和下睦(상화하목)
위는 아래를 사랑하고 아래는 위를 공경함으로써 화목해진다는 말.

夫	唱	婦	隨
지아비 **부**	부를 **창**	아내 **부**	따를 **수**
一 二 ㅌ 夫	口 叩 唱 唱	女 妒 婦 婦	ㅏ 附 隋 隨

풀이

夫唱婦隨(부창부수)
남편이 노래하면 아내가 따라 하니, 서로 협동하고 화합하는 부부를 가리킴.

外	受	傅	訓
바깥 **외**	받을 **수**	스승 **부**	가르칠 **훈**
ノ夕列外	⼀⼍爫受	イ仁俌傅	⻈言訃訓

풀이

外受傅訓(외수부훈)
밖에 나가서는 스승의 가르침을 받아야 되니, 때가 되면 학교에 가서 배워야 함.

入	奉	母	儀
들 **입**	받들 **봉**	어미 **모**	거동 **의**
ノ入	三夫夅奉	乚⺟母母	イ俤儀儀

풀이

入奉母儀(입봉모의)
집에 들어오면 어머니를 받들어 집안의 일에 힘쓰라는 의미.

諸	姑	伯	叔
모두 **제**	시어미 **고**	맏 **백**	아재비 **숙**
⻈言訝諸	⼥女姑姑	ノイ伯伯	⼅丰未叔

풀이

諸姑伯叔(제고백숙)
고모와 큰아버지, 삼촌 등은 모두 집안 내의 친척임을 말함.

猶	子	比	兒
같을 **유**	아들 **자**	견줄 **비**	아이 **아**
犭狞猗猶	⼁了子	⼀⺊比比	⼂⺕⺆兒

풀이

猶子比兒(유자비아)
조카들도 자기의 아들과 같이 대우해야 한다는 말.

孔	懷	兄	弟
구멍 **공**	품을 **회**	맏 **형**	아우 **제**
⁻了子孔	忄忄懷懷懷	⼁口尸兄	⼼⼹弟弟

孔懷兄弟(공회형제)
형은 아우를, 아우는 형을 서로 사랑하여 의좋게 지내라는 말.

同	氣	連	枝
같을 **동**	기운 **기**	연결할 **연**	가지 **지**
⼁冂冂同	⼃气气氣	⼆車連連	十木朼枝

풀이

同氣連枝(동기연지)
형제는 부모의 기운을 같이 받았으니 나무의 가지와 같다는 말.

交	友	投	分
사귈 **교**	벗 **우**	던질 **투**	나눌 **분**
亠六六交	一ナ方友	扌扌扙投	ノ八分分

풀이

交友投分(교우투분)
벗을 사귀는 데 있어, 서로 분수를 지켜 의기투합해야 한다는 말.

切	磨	箴	規
절실할 **절**	갈 **마**	경계 **잠**	법 **규**
一七切切	广庐麻磨	⺮⺮竺箴	二キ担規

풀이

切磨箴規(절마잠규)
열심히 닦고 배워서 사람으로서의 도리를 지켜야 한다는 말.

仁	慈	隱	惻
어질 **인**	사랑 **자**	숨을 **은**	슬플 **측**
ノイイ仁	丷玆玆慈	阝阝隱隱	忄忄惧惻

造	次	弗	離
지을 **조**	버금 **차**	아닐 **불**	떠날 **리**
丩牛告造	丶冫次次	一ㄱㄢ弗	卨离离離

풀이

仁慈隱惻(인자은측)
어진 마음으로 타인을 동정하며 사랑하고 불쌍히 여김을 말함.

풀이

造次弗離(조차불리)
타인을 위한 동정심은 잠시라도 잊지 말아야 함을 이름.

節	義	廉	退
마디 **절**	옳을 **의**	청렴할 **렴**	물러날 **퇴**
𥫗𥫗筲節	丷羊莪義	广产廖廉	ㅋ艮退退

顚	沛	匪	虧
넘어질 **전**	자빠질 **패**	아닐 **비**	이지러질 **휴**
𣶒旨眞顚	丶氵汈沛	一𪜋菲匪	虍虐虧

풀이

節義廉退(절의염퇴)
청렴함과 절개와 의리와 사양함과 때를 맞춰 물러감은 늘 지켜야 할 본분임.

풀이

顚沛匪虧(전패비휴)
넘어지고 엎어져도 이지러지지 않으니 환난 중에도 희망을 잊지 말라.

性	靜	情	逸
성품 **성**	고요할 **정**	뜻 **정**	편안할 **일**
´ ㅏ ㅏ 忄 忄 性	ㆍ 青 青 青 靜	´ ㅏ 忄 忄 忭 情	´ 宀 兔 兔 逸

心	動	神	疲
마음 **심**	움직일 **동**	정신 **신**	피곤할 **피**
´ 心 心 心	ㆍ 靑 重 重 動	´ 示 和 神	´ 疒 疒 疲

풀이

性靜情逸(성정정일)
성품이 고요하면 뜻이 편안하다는 말.

풀이

心動神疲(심동신피)
마음이 안정되지 않으면 정신이 편하지 못하다는 말.

守	眞	志	滿
지킬 **수**	참 **진**	뜻 **지**	가득할 **만**
ㆍ 宀 宁 守	´ 片 盲 眞	一 士 志 志	ㆍ 氵 沣 渹 滿

逐	物	意	移
쫓을 **축**	만물 **물**	뜻 **의**	옮길 **이**
´ 豕 豕 逐	´ 牛 物 物	ㆍ 立 音 意	ㆍ 禾 移 移

풀이

守眞志滿(수진지만)
사람의 도리를 지키면 뜻이 차서 가득해진다는 말.

풀이

逐物意移(축물의이)
불안은 지나친 욕심 때문이며, 이것저것 욕심내면 마음도 변한다는 말.

堅	持	雅	操
굳을 **견**	가질 **지**	맑을 **아**	지조 **조**
ㄱ 臣 臤 堅	扌 扌 扩 持	ㄹ 牙 邪 雅	扌 扌 押 操

풀이

堅持雅操(견지아조)
곧고 바른 지조(操)와 절개(節)를 견고하게 지킨다는 말.

好	爵	自	縻
좋을 **호**	벼슬 **작**	스스로 **자**	얽어맬 **미**
く 女 妖 好	ㅘ 罒 雷 爵	ㅣ 冂 冃 自	广 庐 麻 縻

풀이

好爵自縻(호작자미)
스스로 벼슬을 얻게 되니, 좋은 벼슬을 저절로 얻게 된다는 말.

都	邑	華	夏
도읍 **도**	고을 **읍**	빛날 **화**	여름 **하**
土 耂 者 都	ㅣ 口 吊 邑	艹 节 莅 華	一 币 百 夏

풀이

都邑華夏(도읍화하)
도읍은 왕성의 고을을 말하고 화하는 당시 중국을 스스로 칭하는 말.

東	西	二	京
동녘 **동**	서녘 **서**	두 **이**	서울 **경**
ㄱ 百 車 東	一 冂 丙 西	一 二	一 亠 亨 京

풀이

東西二京(동서이경)
동과 서의 두 서울이니 동경은 낙양, 서경은 장안이라는 말.

背	邙	面	洛
등 **배**	산이름 **망**	낯 **면**	낙수 **락**
北背背	亡邙邙	丙而面	汐洛洛

풀이

背邙面洛(배망면낙)
동경인 낙양은 북쪽에 북망산이 있고 낙수를 바라보고 있다는 말.

浮	渭	據	涇
뜰 **부**	물이름 **위**	의지할 **거**	물이름 **경**
汙浮	汩渭渭	扩护據	汇涇涇

풀이

浮渭據涇(부위거경)
서경인 장안은 위수를 위에 두고 경수를 의지한다는 말.

宮	殿	盤	鬱
집 **궁**	대궐 **전**	소반 **반**	울창할 **울**
宀宊宮宮	尸屈屟殿	舟舺般盤	樊鬱鬱鬱

풀이

宮殿盤鬱(궁전반울)
궁전(宮殿)은 빽빽하고 울창한 나무 사이에 서린 듯 정하였음.

樓	觀	飛	驚
다락 **루**	볼 **관**	날 **비**	놀랄 **경**
木梮樓樓	芭萑觀	飞飛飛	苟驚驚

풀이

樓觀飛驚(누관비경)
궁전 가운데 있는 고루와 관대는 높아서 오르면 나는 듯해 놀란다는 말.

34

圖	寫	禽	獸
그림 **도**	베낄 **사**	새 **금**	짐승 **수**
冂門圖圖	宀宵寫寫	人舍禽禽	罒罟獸獸

풀이

圖寫禽獸(도사금수)
궁전 안은 유명한 화가들이 그린 금수, 그림 등으로 장식되어 있음.

畵	采	仙	靈
그림 **화**	채색 **채**	신선 **선**	신령 **령**
彐書書畵	爫平采	亻仙仙	宀霝靈靈

풀이

畵采仙靈(화채선령)
신선(神仙)과 신령의 그림도 화려한 색채로 그려져 있다는 말.

丙	舍	傍	啓
남녘 **병**	집 **사**	곁 **방**	열 **계**
一丅丙丙	人舍舍舍	亻伫傍傍	戸产啟啓

풀이

丙舍傍啓(병사방계)
병사(兵舍) 곁에 통로를 열어 궁전 출입에 편리하도록 꾀했다는 말.

甲	帳	對	楹
갑옷 **갑**	장막 **장**	마주할 **대**	기둥 **영**
丨冂日甲	冂巾帳帳	业丵對	十才楹楹

풀이

甲帳對楹(갑장대영)
호화로운 갑장은 큰 기둥 사이에 마주했다는 말.

肆	筵	設	席
펼 **사**	자리 **연**	베풀 **설**	자리 **석**
⻆長肆肆	⺮笁筵筵	⻌言訊設	广广庐席

풀이

肆筵設席(사연설석)
자리를 베풀어 돗자리를 베풀었으니 잔치하는 좌석이라는 말.

鼓	瑟	吹	笙
북 **고**	비파 **슬**	불 **취**	생황 **생**
⼟壴鼓鼓	⼆珡琴瑟	⼁口吖吹	⺮竺笙笙

풀이

鼓瑟吹笙(고슬취생)
비파를 두드리며 생황을 부니 잔치하는 풍류가 더욱 흥겹다는 말.

陞	階	納	陛
오를 **승**	섬돌 **계**	들일 **납**	섬돌 **폐**
⻖阸陞陞	⻖阸階階	⺰糸紉納	⻖阸陛陛

풀이

陞階納陛(승계납폐)
문무백관이 계단을 올라 궁전 내로 드나드니, 즉 임금께 보이는 절차임.

弁	轉	疑	星
고깔 **변**	구를 **전**	의심할 **의**	별 **성**
⼂厶厽弁	⺓車轉轉	⼔矣疑疑	⼝日旱星

풀이

弁轉疑星(변전의성)
문부백관의 관에서 번쩍이는 구슬이 별인가 의심할 정도였다는 말.

右	通	廣	内
오른 **우**	통할 **통**	넓을 **광**	안 **내**
ノ ナ ナ 右	⁷ 甬 甬 通	广 广 席 廣	｜ 冂 内 内

풀이

右通廣内(우통광내)

오른편에 광내전으로 통하니, 광내전은 나라 비서를 두는 집
임.

左	達	承	明
왼 **좌**	이를 **달**	이을 **승**	밝을 **명**
一 ナ 左 左	土 去 幸 達	⁷ 了 承 承	Ⅱ 日 明 明

풀이

左達承明(좌달승명)

왼편에 승명려에 이르니, 승명려는 사기를 교열하는 집이라는
말.

旡	集	墳	典
이미 **기**	모을 **집**	무덤 **분**	법 **전**
白 皀 旣 旡	亻 忄 佳 集	土 圹 坟 墳	冂 由 曲 典

풀이

旡集墳典(기집분전)

이미 분과 전을 모았으니 삼황의 글은 삼분, 오제의 글은 오
전임.

亦	聚	群	英
또 **역**	모일 **취**	무리 **군**	꽃부리 **영**
丶 亠 亣 亦	⻆ 取 聚 聚	⺕ 君 君 群	⺿ 艹 苂 英

풀이

亦聚群英(역취군영)

또한 영웅들을 모으니 분전을 강론해 치국하는 도를 밝힘이라
는 말.

杜	橐	鍾	隷
막을 **두**	마를 **고**	쇠북 **종**	글씨 **례**
十才木杜	亠古高橐	〻金釒鍾	士寺聿隷

풀이

杜橐鍾隷(두고종례)
초서를 처음 쓴 두고와 예서를 만든 종례의 글도 궁전 내에 있었음.

漆	書	壁	經
옷 **칠**	글 **서**	바람 **벽**	글 **경**
氵汖漆漆	一⺕書書	尸尸辟壁	幺糸經經

풀이

漆書壁經(칠서벽경)
한나라 영제가 발견한 서골, 공자가 발견한 육경도 비치되어 있다는 말.

府	羅	將	相
마을 **부**	벌릴 **라**	장수 **장**	서로 **상**
亠广庐府	罒罖羅羅	丬爿㸿將	十木相相

풀이

府羅將相(부라장상)
마을 좌우에 장수와 정승이 벌려 있었다는 말.

路	夾	槐	卿
길 **로**	호협할 **협**	느티나무 **괴**	벼슬 **경**
口𧾷路路	一厼夾夾	十木槐槐	𠂊卯卿卿

풀이

路夾槐卿(노협괴경)
고관인 삼공구경의 마차가 열지어 궁전으로 들어가는 모습을 말함.

戶	封	八	縣
지게 **호**	봉할 **봉**	여덟 **팔**	고을 **현**
`丶ㄱㄱ戶`	`土ㄎ圭封`	`ノ八`	`目県県縣`

풀이

戶封八縣(호봉팔현)
한나라가 천하를 평정하고 여덟 고을 민호를 주어 공신을 봉
하였음.

家	給	千	兵
집 **가**	줄 **급**	일천 **천**	군사 **병**
`宀宁家家`	`纟糸給給`	`ノ二千`	`ノ斤丘兵`

풀이

家給千兵(가급천병)
제후 나라에 일천 군사를 주어 그의 집을 지키도록 하였다
는 말.

高	冠	陪	輦
높을 **고**	갓 **관**	모실 **배**	손수레 **련**
`亠言高高`	`冖ロ冗冠`	`阝阝阼陪`	`圭麸替輦`

풀이

高冠陪輦(고관배련)
높은 관을 쓰고 연을 모시니 제후 임금을 모신다는 말.

驅	轂	振	纓
몰 **구**	바퀴 **곡**	떨칠 **진**	갓끈 **영**
`馬馬驅驅`	`吉車轂轂`	`扌扩拆振`	`纟糸纓纓`

풀이

驅轂振纓(구곡진영)
말을 타고 수레를 몰자 종자의 갓끈과 수레에 달린 술이 바람
에 날림.

世	祿	侈	富
대, 인간 **세**	녹봉 **록**	사치할 **치**	부자 **부**
一 十 世 世	二 示 祚 祿	亻 亻 侈 侈	宀 宮 宮 富

車	駕	肥	輕
수레 **거**	멍에 **가**	살찔 **비**	가벼울 **경**
一 冂 車 車	力 加 駕 駕	刀 月 肥 肥	曰 車 輕 輕

풀이

世祿侈富(세록치부)
대대로 녹이 사치하고 무성하니 제후자손이 세세관록을 상전 하였음.

풀이

車駕肥輕(거가비경)
수레의 말은 살찌고 몸의 의복은 가볍게 비단으로 되어 있다는 말.

策	功	茂	實
꾀 **책**	공 **공**	성할 **무**	열매 **실**
𥫗 笁 笁 策	一 工 功 功	艹 艹 茂 茂	宀 窜 窜 實

勒	碑	刻	銘
굴레 **륵**	돌기둥 **비**	새길 **각**	새길 **명**
艹 苩 革 勒	丆 石 砷 碑	一 亠 亥 刻	𠂉 金 釾 銘

풀이

策功茂實(책공무실)
공과를 기록함에 무성하고 충실하다는 말.

풀이

勒碑刻銘(늑비각명)
비석에 이름을 새겨 그 공로를 찬양하며 영원히 후세에 전한다 는 말.

磻	溪	伊	尹
강이름 **반**	시내 **계**	저 **이**	다스릴 **윤**
⺁ 矿 磻磻	氵 汽 溪溪	亻 仁 伊伊	ㄱ ㅋ ㅋ 尹

풀이

磻溪伊尹(반계이윤)
문왕은 반계에서 강태공을 맞이하고, 은왕은 신야에서 이윤을
맞이했음.

佐	時	阿	衡
도울 **좌**	때 **시**	언덕 **아**	저울대 **형**
丿 亻 佐佐	日 旷時	⻖ 阝 阿阿	彳 徉 澳衡

풀이

佐時阿衡(좌시아형)
때를 돕는 아형이니 아형은 상나라 재상의 칭호임을 말함.

奄	宅	曲	阜
문득 **엄**	집 **택**	굽을 **곡**	언덕 **부**
ナ大 存奄	丶 宀 宀宅	丨 冂 日曲	⺁ 阝 臼阜

풀이

奄宅曲阜(엄택곡부)
주공이 큰 공이 있어서 노국을 봉한 후 곡부에다 궁전을 하사
했음.

微	旦	孰	營
작을 **미**	아침 **단**	누구 **숙**	다스릴 **영**
彳 彶 微微	丨 冂 日旦	亠 古 剪孰	丷 炏 炏營

풀이

微旦孰營(미단숙영)
주공 단이 아니면 누가 그런 큰 궁전을 세울 수 있었겠느냐는
말.

41

桓	公	匡	合
굳셀 **환**	귀 **공**	바를 **광**	모일 **합**
十 木 柏桓	ノ 八公公	一 三 手匡	人 △ 合合

풀이

桓公匡合(환공광합)
제나라 환공은 바르게 모였으니, 초나라를 물리치고 난을 바로 잡았음.

濟	弱	扶	傾
건널 **제**	연약할 **약**	도울 **부**	기울 **경**
氵 汸 滂濟	弓 弓 弱弱	扌 扌 扶扶	亻 佗 佰傾

풀이

濟弱扶傾(제약부경)
약한 나라를 구하고 기우는 모든 신하의 힘을 도와 권위를 올렸다는 말.

綺	回	漢	惠
비단 **기**	돌아올 **회**	한수 **한**	은혜 **혜**
纟 糸 紵綺	丨 冂回回	氵 汁 漢漢	亠 車 車惠

풀이

綺回漢惠(기회한혜)
한나라의 네 현인 중 한 사람인 기가 한나라 혜제를 회복하였음.

說	感	武	丁
기뻐할 **열**	느낄 **감**	굳셀 **무**	장정 **정**
言 言 詥說	厂 咸 咸感	一 干 正武	一丁

풀이

說感武丁(열감무정)
부열은 무정의 꿈에 나타나 그를 감동시킴.

俊	乂	密	勿
준걸 **준**	재주 **예**	빽빽할 **밀**	말 **물**
亻亻仲俊	ノ乂	宀宀宓密	ノ勹勺勿

풀이

俊乂密勿(준예밀물)
재주와 덕이 뛰어난 인재가 조정에 모여서 빽빽하다는 말.

多	士	寔	寧
많을 **다**	선비 **사**	이 **식**	편안할 **녕**
クタ多多	一十士	宀宀宲寔	宀宓窜寧

풀이

多士寔寧(다사식녕)
재주와 덕이 뛰어난 인재가 조정에 많으니 국가가 안정되었다는 말.

晉	楚	更	霸
진나라 **진**	초나라 **초**	번갈을 **갱**	으뜸 **패**
一一晉晉	木林梦楚	一百更更	西罰覇霸

풀이

晉楚更霸(진초갱패)
진나라와 초나라가 번갈아 패권을 잡으니, 진문 공초장왕이 폐왕이 되었음.

趙	魏	困	橫
조나라 **조**	나라 **위**	곤할 **곤**	가로 **횡**
土走赴趙	禾委魏魏	冂冈困困	木栌橫橫

풀이

趙魏困橫(조위곤횡)
조나라와 위나라는 연횡책 탓에 어려움을 겪었다는 말.

假	途	滅	虢
빌릴 **가**	길 **도**	멸할 **멸**	나라이름 **괵**
亻 佲 佲 假	八 仐 余 途	氵 氵 泝 滅	宀 爭 虓 虢

踐	土	會	盟
밟을 **천**	흙 **토**	모일 **회**	맹세 **맹**
口 趷 踐 踐	一 十 土	八 仐 侖 會	日 明 明 盟

풀이

假途滅虢(가도멸괵)
길을 빌려 괵국을 멸하니 진헌공이 우국길을 빌려 괵국을 멸하였음.

풀이

踐土會盟(천토회맹)
진문공이 천토(踐土)에 제후를 모아 맹세하게 하였음.

何	遵	約	法
어찌 **하**	좇을 **준**	맺을 **약**	법 **법**
丿 亻 仃 何	宀 酋 尊 遵	幺 糸 約 約	氵 氵 汢 法

韓	弊	煩	刑
한나라 **한**	해질 **폐**	괴로울 **번**	형벌 **형**
古 車 斡 韓	小 敝 敝 弊	火 灯 煩 煩	一 二 开 刑

풀이

何遵約法(하준약법)
한나라 소하는 약법 삼장을 정하여 준행할 것이라는 말.

풀이

韓弊煩刑(한폐번형)
한비자는 번거롭고 가혹한 형벌로 진나라에 폐해를 가져왔다는 말.

起	翦	頗	牧
일어날 **기**	자를 **전**	자못 **파**	칠 **목**
土 キ 走 起	宀 前 前 翦	厂 皮 皷 頗	宀 牛 牛 牧

풀이

起翦頗牧(기전파목)
백기와 왕전은 진나라 장수, 염파와 이목은 조나라 장수였음.

用	軍	最	精
쓸 **용**	군사 **군**	가장 **최**	정기 **정**
丿 刀 月 用	冖 冗 昌 軍	口 旦 昌 最	丷 米 粋 精

풀이

用軍最精(용군최정)
백기, 왕전, 염파, 이목은 군사 쓰기를 가장 빈틈없이 하였다는 말.

宣	威	沙	漠
배풀 **선**	위엄 **위**	모래 **사**	아득할 **막**
宀 宀 宵 宣	厂 厂 威 威	氵 沎 沙沙	氵 沍 渎 漠

풀이

宣威沙漠(선위사막)
장수로 유명했으니 대항하는 적이 없고 위엄은 멀리 사막까지 퍼졌음.

馳	譽	丹	靑
달릴 **치**	기릴 **예**	붉을 **단**	푸를 **청**
阝 馬 馭 馳	阝 與 與 譽	丿 刀 月 丹	二 圭 靑 靑

풀이

馳譽丹靑(치예단청)
그 이름은 생전은 물론 사후에도 전하려고 초상을 기린각에 그렸다 함.

九	州	禹	跡
아홉 **구**	고을 **주**	임금 **우**	발자취 **적**
ノ九	リ小州州	ㄕㄅㅂ禹禹	ㅁ吊跖跡

풀이

九州禹跡(구주우적)
9주는 우임금의 발자취라는 말.

百	郡	秦	幷
일백 **백**	고을 **군**	진나라 **진**	어우를 **병**
一丆百百	ㄱ尹君郡	三夫奏秦	㇐乡并幷

풀이

百郡秦幷(백군진병)
진시황이 천하를 봉군하는 법을 폐하고 일백 군(郡)을 둠.

嶽	宗	恒	岱
큰산 **악**	마루 **종**	항상 **항**	산이름 **대**
山岁崒嶽	丶宀宇宗	丷忄恒恒	亻代代岱

풀이

嶽宗恒岱(악종항대)
산악(山嶽)은 항산(恒山)과 대산(岱山)이 으뜸이라는 말.

禪	主	云	亭
닦을 **선**	주인 **주**	이를 **운**	정자 **정**
二示禪禪	丶亠ㅗ主	一二云云	亠言亯亭

풀이

禪主云亭(선주운정)
운과 정은 천자를 봉선하고 제사하는 곳이니 운정은 태산에 있다고 함.

雁	門	紫	塞	鷄	田	赤	城
기러기 **안**	문 **문**	자줏빛 **자**	변방 **새**	닭 **계**	밭 **전**	붉을 **적**	재 **성**
厂厃厊雁	冂冃門門	此此紫紫	宀宔寒塞	爫奚鷄鷄	丨冂田田	十土亣赤	圠圹城城

풀이

雁門紫塞(안문자새)
기러기가 왕래하는 안문, 붉은 흙으로 만든 만리장성인 자새.

풀이

鷄田赤城(계전적성)
계전은 홍주에 있는 고을 이름이고, 적성은 기주에 있는 고을 이라 함.

昆	池	碣	石	鉅	野	洞	庭
맏 **곤**	못 **지**	비 **갈**	돌 **석**	클 **거**	들 **야**	마을 **동**	뜰 **정**
冂日昆昆	氵汩池池	石矼碣碣	一丆石石	亼釒鉅鉅	日里野野	氵洞洞洞	广庀庭庭

풀이

昆池碣石(곤지갈석)
곤지는 운남 곤명현이란 고을에 있고, 갈석은 부평현이란 고을에 있음.

풀이

鉅野洞庭(거야동정)
거야는 태산 동편의 큰 들, 동정호는 호남성에 있는 중국 최대 호수임.

曠	遠	綿	邈
빌, 밝을 **광**	멀 **원**	솜 **면**	멀 **막**
日 旷旷曠	土 吉 袁遠	幺 糸 綿綿	豸 豹 貌邈

曠遠綿邈(광원면막)
산과 벌판, 호수 등이 아득하고 멀리, 그리고 널리 줄지어 있음을 말함.

巖	峀	杳	冥
바위 **암**	메뿌리 **수**	어두울 **묘**	어두울 **명**
严 嵒 巖巖	丨 山 屵峀	十 木 杳杳	冖 冟 宜冥

巖峀杳冥(암수묘명)
큰 바위와 멧부리가 묘연하고 아득하게 보임을 말함.

治	本	於	農
다스릴 **치**	근본 **본**	어조사 **어**	농사 **농**
氵 氵 沿治	一 十 木本	二 方 扵於	冂 曲 farm農

治本於農(치본어농)
다스리는 것은 농사를 근본으로 하니, 중농 정치를 말함.

務	玆	稼	穡
힘쓸 **무**	이 **자**	심을 **가**	거둘 **색**
矛 矛 敄務	丷 艹 玆玆	千 禾 稼稼	千 禾 稿穡

務玆稼穡(무자가색)
열심히 일을 해서 많은 수익을 얻을 것이며 그때를 잊지 말라는 말.

俶	載	南	畝
비로소 **숙**	실을 **재**	남녘 **남**	밭이랑 **무**
亻伜俶俶	十吉直載	十內两南	一亩畝畝

풀이

俶載南畝(숙재남무)
비로소 남쪽 이랑(밭)에서 일을 시작함.

我	藝	黍	稷
나 **아**	재주 **예**	기장 **서**	피 **직**
一手我我	艹藝藝藝	一禾黍黍	千利稷稷

풀이

我藝黍稷(아예서직)
나는 기장과 피나 모든 곡식을 심는 일에 열중하겠다는 말.

稅	熟	貢	新
거둘 **세**	익을 **숙**	바칠 **공**	새 **신**
二禾稅稅	古享孰熟	二千首貢	立亲新新

풀이

稅熟貢新(세숙공신)
곡식이 익으면 세금을 내고, 새 곡식으로 종묘에 제사를 올림.

勸	賞	黜	陟
권할 **권**	상줄 **상**	물리칠 **출**	오를 **척**
艹品藋勸	艹尚賞賞	四里黑黜	阝阝阼陟

풀이

勸賞黜陟(권상출척)
농민의 의기를 높이려고 열심인 자는 상을 주고, 게을리한 자는 벌주어 내치기도 함.

49

孟	軻	敦	素
맏 **맹**	높을 **가**	도타울 **돈**	바탕, 흴 **소**
了子舌孟	亠車軻軻	亠亨亨敦	二丰麦素

풀이

孟軻敦素(맹가돈소)
맹자는 모친의 각별한 교훈을 받아 자사 문하에서 배웠음.

史	魚	秉	直
역사 **사**	물고기 **어**	잡을 **병**	곧을 **직**
口口史史	ク名田魚	二乒垂秉	十古直直

풀이

史魚秉直(사어병직)
사어라는 사람은 위나라 태부였는데, 그 성격이 매우 정직·결백하였음.

庶	幾	中	庸
무리 **서**	거의 **기**	가운데 **중**	떳떳할, 쓸 **용**
亠广庶庶	丝丝丝幾	丨口口中	亠广肩庸

풀이

庶幾中庸(서기중용)
어떤 일이든지 한쪽으로 기울게 하지 말고 중용을 지키라는 말.

勞	謙	謹	勅
일할 **노**	겸손할 **겸**	삼갈 **근**	조서 **칙**
⺌炏炏勞	言言許謙	言許諽謹	一束束勅

풀이

勞謙謹勅(노겸근칙)
부지런히 일하고 겸손하고 삼가고 경계하면 중용에 이른다는 말.

聆	音	察	理
들을 **영**	소리 **음**	살필 **찰**	다스릴 **리**
｢ 耳 耵 聆	亠 立 音 音	宀 灾 窔 察	二 王 玾 理

풀이

聆音察理(영음찰리)

음성을 듣고 그 거동을 살피니 작은 일이라도 주의해야 할 것임.

鑑	貌	辨	色
거울 **감**	모양 **모**	분별할 **변**	빛 **색**
ノ 釒 鑑 鑑	⺈ 豸 豹 貌	亠 辛 辧 辨	⺈ 勹 多 色

풀이

鑑貌辨色(감모변색)

사람의 용모와 거동으로서 마음속을 분별할 수 있다는 말.

貽	厥	嘉	猷
끼칠 **이**	그 **궐**	아름다울 **가**	꾀 **유**
冂 貝 貽 貽	厂 尸 厣 厥	ノ 亻 佳 佳	⺌ 酋 猷 猷

풀이

貽厥嘉猷(이궐가유)

사람으로서의 지킬 도리를 지키고 착한 것으로 자손을 위해 남겨야 함.

勉	其	祗	植
힘쓸 **면**	그 **기**	공경할 **지**	심을 **식**
⺈ 免 免 勉	十 廾 其 其	二 示 礻 祗	木 朾 植 植

풀이

勉其祗植(면기지식)

착한 것으로 자손에 주기를 힘써야 좋은 가정을 이룬다는 말.

省	躬	譏	誡
살필 **성**	몸 **궁**	나무랄 **기**	경계할 **계**
⺌ 少 宵 省	⺊ 自 身 躬	⻌ 詳 譏 譏	⻌ 言 誡 誡

풀이

省躬譏誡(성궁기계)
자기 몸을 살펴 남이 나를 비방하는가 조심하라는 말.

寵	增	抗	極
사랑할 **총**	더할 **증**	겨룰, 막을 **항**	다할 **극**
宀 宓 寵 寵	土 圹 増 增	扌 扩 抗 抗	木 柯 柯 極

풀이

寵增抗極(총증항극)
사람은 총애를 받을수록 교만한 태도를 버리고 더욱 조심해야 함.

殆	辱	近	恥
위태로울 **태**	욕될 **욕**	가까울 **근**	부끄러울 **치**
⺁ 歹 殆 殆	厂 戽 辰 辱	厂 斤 近 近	𦘒 耳 耻 恥

풀이

殆辱近恥(태욕근치)
총애를 받는다고 욕된 일을 하면, 머지않아 치욕이 오게 된다는 말.

林	皐	幸	卽
수풀 **림**	늪 **고**	다행스러울 **행**	곧 **즉**
十 木 村 林	𠂉 白 皇 皐	十 圥 圥 幸	𠂉 白 皀 卽

풀이

林皐幸卽(임고행즉)
부귀할지라도 검소하여 산간 수풀에서 편히 지내는 것도 행복한 일임.

兩	疏	見	機
두 **양**	트일 **소**	볼 **견**	틀 **기**
一 冂 币 兩	㇏ 乛 疋 疏 疏	丨 冂 目 見	木 术 柈 機

解	組	誰	逼
풀 **해**	짤 **조**	누구 **수**	핍박할 **핍**
㇒ 角 解 解	纟 糸 糸 組	亖 言 許 誰	一 戸 畐 逼

풀이

兩疏見機(양소견기)
한나라의 소광과 소수는 기미를 알아차리고 상소하여 고향으로 갔음.

풀이

解組誰逼(해조수핍)
관의 끈을 풀고(사직) 돌아가니 누구도 핍박하는 자가 없더라는 말.

索	居	閑	處
한가로울 **삭**	살 **거**	한가할 **한**	곳 **처**
十 卢 索 索	㇆ 尸 居 居	冂 門 門 閑	一 广 虍 處

沈	默	寂	寥
잠길 **침**	잠잠할 **묵**	고요할 **적**	고요할 **요**
氵 汀 沙 沈	罒 里 黑 默	宀 宀 宋 寂	宀 宀 寉 寥

풀이

索居閑處(삭거한처)
고위 고관의 벼슬을 퇴직하고 조용한 곳에서 세상을 보낸다는 말.

풀이

沈默寂寥(침묵적요)
세상에 나와 사람과 교제하는 데도 언행을 침착하게 가져야 한다는 말.

求	古	尋	論
구할 **구**	옛 **고**	찾을 **심**	논의할 **론**
丁 寸 求 求	一 十 古 古	⺕ 尹 君 尋	⺀ 言 論 論

풀이

求古尋論(구고심론)
옛것을 찾아 의논하고 고인을 찾아 토론한다는 말.

散	慮	逍	遙
흩어질 **산**	생각 **려**	거닐 **소**	멀, 노닐 **요**
⺀ 昔 背 散	亠 虍 虘 慮	小 肖 肖 逍	夕 名 盈 遙

풀이

散慮逍遙(산려소요)
세상의 생각을 잊어버리고 천지자연 속에 한가히 즐김을 말함.

欣	奏	累	遣
기쁠 **흔**	아뢸 **주**	여러 **누**	보낼 **견**
丿 斤 斨 欣	三 夫 奉 奏	口 田 累 累	口 虫 書 遣

풀이

欣奏累遣(흔주누견)
기쁜 일은 아뢸 것이고 근심은 보내 버린다는 말.

感	謝	歡	招
슬플 **척**	사례할 **사**	기뻐할 **환**	부를 **초**
厂 厈 咸 感	言 訓 詢 謝	⺿ 苩 雚 歡	扌 扩 护 招

풀이

感謝歡招(척사환초)
심중의 슬픈 것은 없어지고 즐거움은 부른 듯이 오게 된다는 말.

渠	荷	的	歷
도랑 **거**	연꽃 **하**	과녁 **적**	지낼 **력**
氵沪渠渠	艹芢芐荷	亻自的的	厂屏麻歷

풀이

渠荷的歷(거하적력)
도랑에 핀 연꽃도 아름다우니 향기를 잡아 볼 만하다는 말.

園	莽	抽	條
동산 **원**	우거질 **망**	뽑을 **추**	가지 **조**
门門周園	艹茻莽莽	一扌抇抽	亻伫佟條

풀이

園莽抽條(원망추조)
동산의 풀은 땅의 양분이 있어 가지가 뻗고 크게 자란다는 말.

枇	杷	晚	翠
나무 **비**	잡을 **파**	저물 **만**	푸를 **취**
十木朴枇	十木朳杷	日旷晚晚	羽翆翠翠

풀이

枇杷晚翠(비파만취)
비파나무는 늦은 겨울에도 그 빛이 푸르다는 말.

梧	桐	早	凋
오동나무 **오**	오동나무 **동**	이를 **조**	시들 **조**
十木梧梧	十木桐桐	口日旦早	氵冽凋凋

풀이

梧桐早凋(오동조조)
오동나무는 가을에 다른 나무들보다도 먼저 말라 잎이 떨어진다는 말.

陳	根	委	翳	落	葉	飄	颻
베풀 **진**	뿌리 **근**	시들 **위**	마를 **예**	떨어질 **낙**	잎 **엽**	날릴 **표**	나부낄 **요**
阝阝陌陳	十木朾根	二千委委	匚医殹翳	艹艹茨落	艹芇苩葉	西票飄飄	宀广庁床

풀이

陳根委翳(진근위예)
가을이 오면 오동나무뿐 아니라 모든 고목 뿌리는 시들어 마른다는 말.

풀이

落葉飄颻(낙엽표요)
단풍이 든 나뭇잎은 가을이 오면 펄펄 흩날리며 떨어져 내린다는 말.

遊	鯤	獨	運	凌	摩	絳	霄
놀 **유**	물고기 **곤**	홀로 **독**	운전할 **운**	능가할 **능**	문지를 **마**	붉을 **강**	하늘 **소**
氵方斿遊	夕魚鯤鯤	犭犭狪獨	宀冒軍運	冫冫冹凌	广庐麻摩	幺糸終絳	宀霏霏霄

풀이

遊鯤獨運(유곤독운)
곤어는 북해의 큰 고기라서 홀로 창해를 헤엄치며 논다는 말.

풀이

凌摩絳霄(능마강소)
곤어가 붕새로 변해 한번 날면 구천에 이르니, 사람의 운수를 말함.

耽	讀	翫	市
즐길 **탐**	읽을 **독**	아낄 **완**	저자 **시**
⌐耳耳耽	言訥讀讀	羽習翫翫	亠宀市市

풀이

耽讀翫市(탐독완시)
한나라의 왕충은 글 읽기를 즐겨 항상 서점에 가서 정신없이 읽었음.

寓	目	囊	箱
붙일 **우**	눈 **목**	주머니 **낭**	상자 **상**
宀宓寓寓	丨冂月目	曲嚢嚢囊	竹笊箱

풀이

寓目囊箱(우목낭상)
왕충이 한번 읽으면 잊지 않아 글을 주머니나 상자에 둠과 같다고 했음.

易	輶	攸	畏
쉬울 **이**	가벼울 **유**	바 **유**	두려울 **외**
曰易易	車斬輶	亻仏攸	田畏畏

풀이

易輶攸畏(이유유외)
군자는 앞과 뒤를 생각하지 않고 가볍게 말함을 두려워한다는 말.

屬	耳	垣	牆
붙일 **속**	귀 **이**	담장 **원**	담장 **장**
尸屍屬屬	一丁耳耳	土圲垣	爿牆牆

풀이

屬耳垣牆(속이원장)
벽에도 귀가 있다는 말로, 두렵게 생각해 말하는 것을 조심하라는 말.

♣ 한자의 뜻과 음을 읽으며 쓰세요.

具	膳	飡	飯
갖출 **구**	반찬 **선**	저녁밥 **손**	밥 **반**
丨 冂 且 具	丿 月 月˝ 胖 膳	冫 冫ᐟ 冷 飡	ノ 𩙿 飣 飯

풀이

具膳飡飯(구선손반)
어떤 반찬이고 갖추어 밥을 먹는다는 말.

適	口	充	腸
맞을 **적**	입 **구**	채울 **충**	창자 **장**
亠 产 商 適	丨 冂 口	丶 亠 云 充	丿 月 月ᄀ 腸

풀이

適口充腸(적구충장)
훌륭한 음식이 아니라도 입에 맞으면 배를 채운다는 말.

飽	飫	烹	宰
배부를 **포**	배부를 **어**	삶을 **팽**	재상 **재**
𠆢 𩙿 飣 飽	ノ 𩙿 飠 飫	亠 古 亨 烹	宀 宀 宰 宰

풀이

飽飫烹宰(포어팽재)
배가 부를 때에는 아무리 좋은 음식이라도 그 맛을 모른다는 말.

饑	厭	糟	糠
주릴 **기**	싫을 **염**	재강 **조**	겨 **강**
ノ 𩙿 飠 饑	厂 厈 肙 厭	丬 米 糟 糟	丬 米 糠 糠

풀이

饑厭糟糠(기염조강)
반대로 배가 고플 때는 재강과 겨 같은 음식도 맛있게 느껴진다는 말.

親	戚	故	舊
친할 **친**	겨레 **척**	연고 **고**	오랠 **구**
ㅍ 亲 親親	厂 厂 床 戚	十 古 甘 故	艹 芢 萑 舊

풀이

親戚故舊(친척고구)
친은 동성지친(同姓之親), 척은 이성지친, 고구는 오랜 친구를 말함.

老	少	異	糧
늙을 **노**	젊을 **소**	다를 **이**	양식 **량**
十 土 耂 老	⅃ 小 小 少	口 田 里 異	米 籵 糧 糧

풀이

老少異糧(노소이량)
늙은이와 젊은이의 식사(食事)가 다르다는 말.

妾	御	績	紡
첩 **첩**	모실 **어**	길쌈할 **적**	길쌈 **방**
亠 立 立 妾	彳 徍 徍 御	幺 糸 結 績	幺 糸 紅 紡

풀이

妾御績紡(첩어적방)
남자는 밖에서 일하고 여자는 집에서 길쌈을 짜는 것임.

侍	巾	帷	房
모실 **시**	수건 **건**	장막 **유**	방 **방**
亻 侁 侍 侍	丨 冂 巾	冂 巾 帅 帷	彐 戶 戶 房

풀이

侍巾帷房(시건유방)
휘장 두른 안방에서는 수건과 빗을 들고 시중든다는 말.

紈	扇	圓	潔
흰비단 **환**	부채 **선**	둥글 **원**	맑을 **결**
糹 糹 紒 紈	宀 尸 扅 扇	冂 冂 同 圓	氵 汢 潔 潔

풀이

紈扇圓潔(환선원결)
흰비단으로 만든 부채는 둥글고 조촐하며 맑은 바람이 난다는 말.

銀	燭	煒	煌
은 **은**	촛불 **촉**	빨갈 **위**	빛날 **황**
釒 金 鈤 銀	灯 灯 煃 燭	灯 火 炜 煒	灯 火 炟 煌

풀이

銀燭煒煌(은촉위황)
은촛대의 촛불은 빛나서 휘황찬란(輝煌燦爛)함.

晝	眠	夕	寐
낮 **주**	졸음 **면**	저녁 **석**	잠잘 **매**
亖 聿 書 晝	冂 目 旷 眠	丿 夕 夕	宀 宎 寐 寐

풀이

晝眠夕寐(주면석매)
낮에도 낮잠 자고 밤에 일찍 자니 한가한 사람의 일이라는 말.

藍	筍	象	牀
쪽빛 **람**	죽순 **순**	코끼리 **상**	평상 **상**
艹 莊 蔜 藍	竹 竹 筍 筍	鱼 色 象 象	丬 爿 牀 牀

풀이

藍筍象牀(남순상상)
푸른 대순과 코끼리상이니, 즉 한가한 사람의 침대임을 말함.

弦	歌	酒	讌
줄 현	노래 가	술 주	잔치할 연
⁷ ⁷ 弘弘弦	可 哥 哥 歌歌	氵汀沪酒	言 譜 讌讌讌

풀이

弦歌酒讌(현가주연)
거문고를 타며 노래하며 즐겁게 술 마시며 잔치한다는 말.

接	杯	擧	觴
이을 접	잔 배	들 거	잔 상
⠄ ⠄ 护接	⠄ 木 杧杯	⠄ 與 與擧	广角 觴觴

풀이

接杯擧觴(접배거상)
작은 술잔이나 큰 술잔을 서로 바꿔 들며 즐기는 모습을 말함.

矯	手	頓	足
바로잡을 교	손 수	조아릴 돈	발 족
⠄ 纟 矫矯矯	⠄ 二三手	⠄ 屯 頓頓	⠄ 口 무足

풀이

矯手頓足(교수돈족)
손과 발을 움직이며 껑충껑충 춤을 추며 흥을 돋우며 논다는 말.

悅	豫	且	康
기쁠 열	미리 예	또 차	편안할 강
⠄ 忄忄悅悅	⠄ 予 豫豫	⠄ 冂 日且	广戶 庚康

풀이

悅豫且康(열예차강)
이상과 같이 마음 편하게 기쁘게 즐기면 단란한 가정임을 말함.

嫡	後	嗣	續
정실 **적**	뒤 **후**	이을 **사**	잇닿을 **속**
女 女 娇 嫡	ノ 彳 彳 後 後	口 吊 嗣 嗣	糸 結 續 續

풀이

嫡後嗣續(적후사속)
적자, 즉 장남은 뒤를 계승하여 대를 이어 나간다는 말.

祭	祀	蒸	嘗
제사 **제**	제사 **사**	찔 **증**	맛볼 **상**
ク タ タ 祭 祭	二 示 祀 祀	卄 艹 蒸 蒸	卄 卌 嘗 嘗

풀이

祭祀蒸嘗(제사증상)
겨울에 지내는 제사는 증(蒸)이라 하고, 가을에 지내는 제사는 상(嘗)이라고 함.

稽	顙	再	拜
조아릴 **계**	이마 **상**	두 **재**	절 **배**
千 禾 稽 稽	磊 桑 顙 顙	一 冂 冂 再	二 手 拜 拜

풀이

稽顙再拜(계상재배)
이마가 땅에 닿을 정도로 머리를 숙여서 선조에게 두 번 절한다는 말.

悚	懼	恐	惶
두려울 **송**	두려울 **구**	두려울 **공**	두려울 **황**
小 忄 忟 悚	忄 忄 懼 懼	工 巩 恐 恐	忄 忄 惶 惶

풀이

悚懼恐惶(송구공황)
송구하고 공황하니 엄중 공경함이 지극하다는 말.

霜	牒	簡	要
편지 **전**	편지 **첩**	편지 **간**	중요할 **요**
宀雫霜霜	爿牒牒牒	竹笹簡簡	一西要要

풀이

霜牒簡要(전첩간요)
글과 편지는 간략하면서도 명확하고 중요하게 써야 한다는 말.

顧	答	審	詳
돌아볼 **고**	대답할 **답**	살필 **심**	자세할 **상**
戶雇顧顧	竹竻笒答	宀宇寀審	言言詳詳

풀이

顧答審詳(고답심상)
편지의 회답도 마찬가지로 용건을 잘 알도록 써야 한다는 말.

骸	垢	想	浴
뼈 **해**	때 **구**	생각할 **상**	목욕 **욕**
罒骨骨骸	土圹垢垢	十木相想	氵汀泃浴

풀이

骸垢想浴(해구상욕)
몸은 항상 깨끗이 하며 때가 끼기 전에 목욕하기를 생각함.

執	熱	願	凉
잡을 **집**	더울 **열**	원할 **원**	서늘할 **량**
十寺幸執	士坴執熱	戶原願願	冫广广凉

풀이

執熱願凉(집열원량)
더위가 닥치면 서늘해지기를 원한다는 말.

驢	騾	犢	特
나귀 **려**	노새 **라**	송아지 **독**	소, 특별할 **특**
⻌馬⻌驢驢	⻌馬馬騾騾	⺧⺧犢犢	⺧⺧⺧特特

풀이

驢騾犢特(여라독특)
나귀와 노새와 송아지와 소는, 즉 가축을 말함.

駭	躍	超	驤
놀랄 **해**	뛸 **약**	뛰어넘을 **초**	달릴 **양**
⻌馬馯駭駭	⻌⻊躍躍	⻌走起超超	⻌馬馿驤驤

풀이

駭躍超驤(해약초양)
뛰고 달리며 노는 가축(家畜)의 모습을 말함.

誅	斬	賊	盜
벨 **주**	벨 **참**	도둑 **적**	도둑 **도**
⻌言訐誅	⻌車車斬	⻌貝財賊	⻌次次盜

풀이

誅斬賊盜(주참적도)
나라의 역적과 도둑을 목베어 죽이고 물리침.

捕	獲	叛	亡
잡을 **포**	얻을 **획**	배반할 **반**	망할 **망**
⺘扌捎捕	⺨犭獲獲	⻌半叛叛	⺀亡

풀이

捕獲叛亡(포획반망)
배반하고 도망하는 자를 잡아 죄를 주어 법을 밝힘을 말함.

布	射	僚	丸
배 **포**	쏠 **사**	동료 **료**	탄환 **환**
一ナ右布	′身身射	′伩僬僚	乀九丸

풀이

布射僚丸(포사료환)
한나라 여포는 활쏘기에 유명했고 의료는 탄자를 던지는 데 유명했음.

嵇	琴	阮	嘯
메 **혜**	거문고 **금**	성씨 **완**	휘파람 **소**
二禾秋嵇	⌒珏琹琴	⌒阝阢阮	口吖吽嘯

풀이

嵇琴阮嘯(혜금완소)
위국 혜강은 거문고를 잘 타고 완적은 휘파람을 잘 불었다고 함.

恬	筆	倫	紙
편안할 **염**	붓 **필**	인륜 **륜**	종이 **지**
⌒忄忄恬	⌒竹笁筆	′仦侖倫	幺糸紅紙

풀이

恬筆倫紙(염필륜지)
몽염은 토끼털로 처음 붓을 만들었고, 채륜은 처음 종이를 만들었음.

鈞	巧	任	釣
무거울 **균**	공교로울 **교**	맡길 **임**	낚시 **조**
⌒牟鈞鈞	一工工巧	ノイ仁任	⌒牟釣釣

풀이

鈞巧任釣(균교임조)
마균은 지남거를 짓고 전국시대 임공자는 백 근 되는 낚싯대를 만들었음.

65

♣ 한자의 뜻과 음을 읽으며 쓰세요.

釋	紛	利	俗
풀 **석**	어지러울 **분**	이로울 **리**	풍속 **속**
釆 釋 釋 釋	幺 糸 紒 紛	二 千 禾 利	亻 亻 佟 俗

竝	皆	佳	妙
아우을 **병**	다 **개**	아름다울 **가**	묘할 **묘**
亠 立 竝 竝	卜 比 皆 皆	丿 亻 仕 佳	女 女 妙 妙

풀이

釋紛利俗(석분리속)

이상 8인의 재주를 다하여 어지러움을 풀어 풍속에 이롭게 하였음.

풀이

竝皆佳妙(병개가묘)

모두가 아름다우며 묘하며 특별한 재주라고 하는 말.

毛	施	淑	姿
털 **모**	베풀 **시**	맑을 **숙**	맵시 **자**
一 二 三 毛	亠 方 方 施	氵 汁 浂 淑	冫 次 次 姿

工	嚬	姸	笑
장인 **공**	찡그릴 **빈**	고울 **연**	웃음 **소**
一 丅 工	口 卟 嚬 嚬	女 女 奸 姸	⺈ ⺮ 竺 笑

풀이

毛施淑姿(모시숙자)

모는 오의 모장, 시는 월의 서시라는 여자인데 모두 절세미인이었음.

풀이

工嚬姸笑(공빈연소)

이 두 미인의 웃는 모습이 매우 곱고 아름다움을 말함.

年	矢	每	催
해 **년**	화살 **시**	매양 **매**	재촉할 **최**
ノ 느 乞年	ノ 스 午矢	乞 亡 每每	イ 仆 伴催

年矢每催(연시매최)
세월이 빠른 것을 말하는 것이며, 즉 세월은 화살과 같아 매양 재촉한다는 말.

曦	暉	朗	耀
복희씨 **회**	빛날 **휘**	밝을 **낭**	빛날 **요**
日 旷曒曦	刂 旷昁暉	乛 皀 良朗	屮 料耀耀

曦暉朗耀(희휘낭요)
태양빛과 달빛은 세상을 비춰 밝게 하며 만물에 혜택을 준다는 말.

璇	璣	懸	斡
구슬 **선**	구슬 **기**	매달 **현**	돌 **알**
王 玜琁璇	王 珇璣璣	日 県 縣懸	亠 盲 軡斡

璇璣懸斡(선기현알)
선기는 천기를 보는 기구이며 그 기구가 높이 걸려 도는 것을 말함.

晦	魄	環	照
그믐 **회**	넋 **백**	고리 **환**	비칠 **조**
刂 旷晦晦	白 的魄魄	王 玨環環	日 昭照照

晦魄環照(회백환조)
둥근 달은 그믐이면 기울어 고리같이 돌며, 천지를 비추는 것을 말함.

指	薪	修	祐
손가락 **지**	섶나무 **신**	닦을 **수**	도울 **우**
ㅓ ㅓ 扑指	⺿ 芏 薪薪	ㅓ 亻 俏修	⼆ 衤 衫祐

풀이
指薪修祐(지신수우)
사람은 불타는 나무와 같이 정열로 도리를 지키면 복을 얻을
것임.

永	綏	吉	邵
길 **영**	편안할 **수**	길할 **길**	땅이름 **소**
ㅣ 沪 永永	ㅁ 糸 紌綏	ㅡ 十 吉吉	⼑ 끰 끰邵

풀이
永綏吉邵(영수길소)
그리고 영구히 편안하고 길함이 높음.

矩	步	引	領
법 **구**	걸음 **보**	끌 **인**	거스릴 **령**
ㅗ ㅑ 矢矩	ㅏ 止 牛步	ㄱ ㄱ 弓引	㇇ 个 領領

풀이
矩步引領(구보인령)
걸음을 바르게 걷고 얼굴도 똑바로 앞을 향하니 위품이 엄숙하
다는 말.

俯	仰	廊	廟
구부릴 **부**	우러를 **앙**	복도 **랑**	사당 **묘**
亻 俨 俯俯	㇓ 亻 仰仰	㇐ 广 庐廊	广 庐 库廟

풀이
俯仰廊廟(부앙낭묘)
늘 낭묘(조정의 정사를 논의하는 건물)에 있다고 생각하고 출
입 때도 머리 숙여 예의를 지키라는 말.

（한자의 뜻과 음을 읽으며 쓰세요.

束	帶	矜	莊
묶을 **속**	띠 **대**	자랑 **긍**	장중할 **장**
一 口 申 束	一 卅 帯 帶	フ 矛 矜 矜	一 亡 莊 莊

풀이

束帶矜莊(속대긍장)
늘 의복에 주의하며 몸차림을 단정케 하여 예의를 지킬 것이라는 말.

徘	徊	瞻	眺
거닐 **배**	노닐 **회**	쳐다볼 **첨**	바라볼 **조**
ぅ 彳 徘 徘	ぅ 彳 徊 徊	日 旷 瞻 瞻	Ⅱ 眇 眺 眺

풀이

徘徊瞻眺(배회첨조)
같은 장소를 왔다 갔다 거닐면서 선후를 살펴보는 모양임을 말함.

孤	陋	寡	聞
외로울 **고**	더러울 **루**	적을 **과**	들을 **문**
了 子 孙 孤	ぅ 阝 陋 陋	宀 宲 寡 寡	門 門 閏 聞

풀이

孤陋寡聞(고루과문)
저자가 자신을 겸손히 말한 것으로, 식견도 없고 재능도 없다고 했음.

愚	蒙	等	誚
어리석을 **우**	어릴 **몽**	무리 **등**	꾸짖을 **초**
口 吕 禺 愚	艹 芦 蒙 蒙	ᅩ 竹 笁 等	言 言 詁 誚

풀이

愚蒙等誚(우몽등초)
적고 어리석어 몽매함을 면치 못한다는 것을 말함.

謂	語	助	者
이를 **위**	말씀 **어**	도울 **조**	사람 **자**
゠言謂謂	゠言語語	Ⅱ且助助	十耂者者

풀이

謂語助者(위어조자)
어조라 함은 한문의 조사, 즉 다음 글자를 가리킴.

焉	哉	乎	也
어찌 **언**	어조사 **재**	어조사 **호**	어조사 **야**
丁正焉焉	十㦵哉哉	′⼂⼃乎	⼁也也

풀이

焉哉乎也(언재호야)
언, 재, 호, 야, 이 네 글자는 어조사임을 가리킴.

글자의 음은 같으나 뜻이 다른 낱말
동음이의어(同音異義語)

거부 巨富 : 부자 가운데에서도 특히 큰 부자.
　　 拒否 : 요구나 제의 따위를 받아들이지 않고 물리침.

가계 家計 : 한 집안 살림의 수입과 지출의 상태.
　　 家系 : 대대로 이어 내려온 한 집안의 계통.

가구 家具 : 집안 살림에 쓰는 기구.
　　 家口 : 집안의 사람 수효.

가사 家事 : 살림살이에 관한 일.
　　 假死 : 생리적 기능이 약화되어 죽은 것처럼 보이는 상태.
　　 袈裟 : 승려가 장삼 위에, 왼쪽 어깨에서 오른쪽으로 걸쳐 입는 법의.
　　 歌詞 : 가곡·가요·오페라 따위로 불릴 것을 전제로 하여 쓰인 글.

가설 加設 : 덧붙이거나 추가하여 설치함.
　　 架設 : 전깃줄이나 전화선·교량 따위를 공중에 건너질러 설치함.
　　 假設 : 임시로 설치함.
　　 假說 : 어떤 사실을 설명, 어떤 이론 체계를 연역하기 위해 설정한 가정.

가장 家長 : 한 가정을 이끌어 나가는 사람.
　　 假裝 : 태도를 거짓으로 꾸밈.

감상 感想 : 마음속에서 일어나는 느낌이나 생각.
　　 鑑賞 : 주로 예술 작품을 이해하여 즐기고 평가함.

개량 改良 : 나쁜 점을 보완하여 더 좋게 고침.
　　 改量 : 다시 측량함.

개정 改正 : 주로 문서의 내용 따위를 고쳐 바르게 함.
　　 改訂 : 글자나 글의 틀린 곳을 고쳐 바로잡음.
　　 開廷 : 법정을 열어 재판을 시작하는 일.

결의 決意 : 뜻을 정하여 굳게 마음을 먹음. 또는 그런 마음.
　　 結義 : 남남끼리 형제·자매·남매·부자 따위 친족의 의리를 맺음.

경계 境界 : 사물이 어떠한 기준에 의하여 분간되는 한계.
　　 鏡戒 : 분명히 타일러 다시는 같은 잘못을 저지르지 않도록 함.
　　 警戒 : 뜻밖의 사고가 생기지 않도록 조심하여 단속함.

경기	京畿 : 서울을 중심으로 한 가까운 주위의 지방.
	景氣 : 매매나 거래에 나타나는 호황·불황 따위의 경제 활동 상태.
	競技 : 일정한 규칙 아래 기량과 기술을 겨룸. 또는 그런 일.
	驚起 : 놀라서 일어남. 또는 놀라게 하여 일으킴.
경지	耕地 : 경작지. 경작하는 토지.
	境地 : 학문·예술 등에서 일정한 특성과 체계를 갖춘 독자적인 범주.
경로	敬老 : 노인을 공경함.
	經路 : 지나는 길. 일이 진행되는 방법이나 순서.
경주	競舟 : 사람·동물·차량 따위가 일정한 거리를 달려 빠르기를 겨루는 일.
	慶州 : 경상북도의 동남부에 있는 시로, 신라 천년의 고도(古都).
	傾注 : 힘이나 정신을 한곳에만 기울임.
공론	公論 : 여럿이 의논함. 또는 그런 의논.
	空論 : 실속이 없는 빈 논의를 함. 또는 그 이론이나 논의.
공약	公約 : 정부·정당·입후보자 등이 국민에게 어떤 일을 실행하겠다는 약속.
	空約 : 헛되게 약속함. 또는 그런 약속.
과장	課長 : 관공서나 회사 따위에서, 한 과(課)의 업무나 직원을 감독하는 직위.
	誇張 : 사실보다 지나치게 불려서 나타냄.
교감	交感 : 서로 접촉하여 따라 움직이는 느낌.
	校監 : 학교장을 도와 학교의 일을 관리·수행하는 직책. 또는 그런 사람.
교단	教壇 : 교실에서 교사가 강의할 때 올라서는 단.
	教團 : 같은 교의(教義)를 믿는 사람들끼리 모여서 만든 종교 단체.
교정	校正 : 교정쇄와 원고를 대조해 오자·오식·배열·색 따위를 바르게 고침.
	校訂 : 남의 문장 또는 출판물의 잘못된 글자나 글귀 따위를 바르게 고침.
	校庭 : 학교의 마당이나 운동장.
	教正 : 가르쳐서 바르게 함.
구미	口味 : 입맛
	歐美 : 유럽 주와 아메리카 주를 아울러 이르는 말.
구조	救助 : 재난 따위를 당하여 어려운 처지에 빠진 사람을 구하여 줌.
	構造 : 부분이나 요소가 어떤 전체를 짜 이룸. 또는 그렇게 이루어진 얼개.
구호	口號 : 집회나 시위에서 요구나 주장 등을 간결한 형식으로 표현한 문구.
	救護 : 재해나 재난 따위로 어려움에 처한 사람을 도와 보호함.

금수	禽獸 : 날짐승과 길짐승이라는 뜻으로, 모든 짐승을 이르는 말.
	禁輸 : 수입이나 수출을 금함.
	錦繡 : 수를 놓은 비단. 또는 아름답고 화려한 옷이나 직물.

| 급수 | 級數 : 기술 따위를 우열에 따라 매긴 등급. |
| | 給水 : 음료수 따위의 물을 대어 줌. 또는 그 물. |

기능	技能 : 육체적 · 정신적 작업을 정확하고 손쉽게 해 주는 기술상의 재능.
	器能 : 기량과 재능을 아울러 이르는 말.
	機能 : 하는 구실이나 작용을 함. 또는 그런 것.

기사	技士 : 운전기사.
	技師 : 관청 · 회사에서 전문 지식이 필요한 기술 업무를 맡은 사람.
	奇事 : 기이한 생각.
	記事 : 신문이나 잡지 따위에서, 어떠한 사실을 알리는 글.

기수	基數 : 수를 나타내는 데 기초가 되는 수. 십진법에서 0에서 9까지의 정수.
	旗手 : 행사 때 대열의 앞에 서서 기를 드는 일을 맡은 사람.
	騎手 : 경마에서 말을 타는 사람.

기원	祈願 : 바라는 일이 이루어지기를 빎.
	紀元 : 연대를 계산하는 데에 기준이 되는 해.
	起源 : 사물이 처음으로 생김. 또는 그런 근원.
	棋院 : 바둑을 두는 사람에게 장소와 시설을 빌려주고 돈을 받는 곳.

| 노력 | 努力 : 목적을 이루기 위하여 몸과 마음을 다하여 애를 씀. |
| | 勞力 : 힘을 들여 일함. |

노장	老壯 : 노년과 장년을 아울러 이르는 말.
	老長 : 나이 많은 사람을 높여 이르는 말.
	老將 : 늙은 장수. 많은 경험을 쌓아 일에 노련한 사람.

| 녹음 | 綠陰 : 푸른 잎이 우거진 나무나 수풀. 또는 그 나무의 그늘. |
| | 錄音 : 테이프나 판 또는 영화 필름 등에 소리를 기록함. |

| 단절 | 斷折 : 꺾거나 부러뜨림. |
| | 斷絕 : 유대나 연관 관계를 끊음. 흐름이 연속되지 않음. |

| 단편 | 短篇 : 짤막하게 지은 글. |
| | 斷片 : 끊어지거나 쪼개진 조각. |

답사　答辭 : 식장에서 환영사나 환송사 따위에 답함. 또는 그런 말.
　　　踏査 : 현장에 가서 직접 보고 조사함.

도서　圖書 : 글씨·그림·서적 등의 총칭.
　　　島嶼 : 크고 작은 섬들.

동기　同期 : 같은 시기.
　　　動機 : 의사 결정이나 어떤 행위의 직접적인 원인.

동지　冬至 : 24절기의 하나. 12월 22일이나 23일경으로 팥죽을 쑤어 먹음.
　　　同志 : 목적이나 뜻이 서로 같음. 또는 그런 사람.

동정　同情 : 남의 어려운 처지를 자기 일처럼 딱하고 가엾게 여김.
　　　動靜 : 사람이 일상적으로 하는 일체의 행위.

미소　微笑 : 소리 없이 빙긋이 웃음. 또는 그런 웃음.
　　　微小 : 아주 작음.

방문　訪問 : 어떤 사람이나 장소를 찾아가서 만나거나 봄.
　　　房門 : 방으로 드나드는 문.
　　　榜文 : 어떤 일을 널리 알리기 위하여 길거리나 등에 써 붙이는 글.

방화　邦畫 : 자기 나라에서 제작된 영화.
　　　防火 : 불이 나는 것을 미리 막음.
　　　放火 : 일부러 불을 지름.

보고　報告 : 일에 관한 내용이나 결과를 말이나 글로 알림.
　　　寶庫 : 귀중한 물건을 간수해 두는 창고.

보도　步道 : 보행자의 통행에 사용하도록 된 도로.
　　　報道 : 대중 전달 매체를 통하여 일반 사람들에게 새로운 소식을 알림.
　　　寶刀 : 보배로운 칼. 또는 잘 만든 귀한 칼.

부인　夫人 : 남의 아내를 높여 이르는 말.
　　　否認 : 어떤 내용이나 사실을 옳거나 그러하다고 인정하지 않음.
　　　婦人 : 결혼한 여자.

부정　不正 : 올바르지 않거나 옳지 못함.
　　　不貞 : 부부가 서로의 정조를 지키지 않음.
　　　父情 : 자식에 대한 아버지의 정.
　　　否定 : 그렇지 않다고 단정하거나 옳지 아니하다고 반대함.

비명 非命 : 제명대로 다 살지 못하고 죽음.
　　　 悲鳴 : 슬피 욺. 또는 그런 울음소리.
　　　 碑銘 : 비석에 새긴 글자.

비행 卑行 : 도덕에 어긋나는 너절하고 더러운 행위.
　　　 非行 : 잘못되거나 그릇된 행위.
　　　 飛行 : 공중으로 날아가거나 날아다님.

사고 事故 : 뜻밖에 일어난 불행한 일.
　　　 思考 : 생각하고 궁리함.
　　　 社告 : 회사에서 내는 광고.

사기 士氣 : 의욕이나 자신감 따위로 충만하여 굽힐 줄 모르는 기세.
　　　 詐欺 : 남을 속여 이득을 취함.

사상 思想 : 어떠한 사물에 대하여 가지고 있는 구체적인 사고나 생각.
　　　 死傷 : 죽거나 다침.

사서 司書 : 서적을 맡아보는 직분.
　　　 四書 : 유교의 경전인 논어·맹자·중용·대학을 이르는 말.

사수 死守 : 죽음을 무릅쓰고 지킴.
　　　 射手 : 대포나 총·활 따위를 쏘는 사람.

사실 事實 : 실제로 있었던 일이나 현재에 있는 일.
　　　 寫實 : 사실을 조사하여 알아봄.
　　　 寫實 : 사물을 있는 그대로 그려 냄.

사은 私恩 : 사사로이 입은 은혜. 또는 사사로이 베푸는 은혜.
　　　 師恩 : 스승의 은혜.
　　　 謝恩 : 받은 은혜에 대하여 감사히 여겨 사례함.

사장 死藏 : 사물 따위를 필요한 곳에 활용하지 않고 썩혀 둠.
　　　 沙場 : 모래사장.
　　　 私藏 : 개인이 사사로이 간직함. 또는 그런 물건.
　　　 社長 : 회사의 책임자로 회사 업무의 최고 집행자.

사전 寺田 : 절이 소유하고 있는 밭.
　　　 事典 : 여러 사항을 모아 일정한 순서로 배열하고 각각에 해설을 붙인 책.
　　　 事前 : 일이 일어나기 전. 또는 일을 시작하기 전.
　　　 辭典 : 낱말을 모아서 일정한 순서로 배열하여 싣고 그 각각의 발음·의미
　　　　　　 어원·용법 따위를 해설한 책.

사정　私情 : 개인의 사사로운 정.
　　　　事情 : 일의 형편이나 까닭.

상가　商街 : 상점들이 죽 늘어서 있는 거리.
　　　　喪家 : 사람이 죽어 장례를 치르는 집.

상품　上品 : 질이 좋은 물품.
　　　　商品 : 사고파는 물품.
　　　　賞品 : 상으로 주는 물품.

선전　善戰 : 최선을 다해 잘 싸움.
　　　　宣傳 : 주의나 주장, 사물의 존재, 효능을 많은 사람에게 잘 알리는 일.
　　　　宣戰 : 다른 나라에 대하여 전쟁을 시작한다는 의사 표시를 하는 일.

성시　成市 : 장이 섬. 또는 시장(市場)을 이룸.
　　　　聖詩 : 성경에서 발췌하거나 성경의 내용을 주제로 하는 시.

수도　首都 : 한 나라의 중앙 정부가 있는 도시.
　　　　修道 : 도를 닦음.
　　　　水道 : 수돗물을 받아 쓸 수 있게 만든 시설.

수상　手相 : 손금.
　　　　隨想 : 그때그때 떠오르는 느낌이나 생각.
　　　　受賞 : 상을 받음.
　　　　首相 : 내각의 우두머리. 의원 내각제에서는 다수당의 우두머리가 수상임.

수석　水石 : 물과 돌을 아울러 이르는 말.
　　　　首席 : 등급이나 직위 따위에서 맨 윗자리.

수신　受信 : 우편이나 전보 따위의 통신을 받음. 또는 그런 일.
　　　　修身 : 악을 물리치고 선을 북돋아 심신을 닦는 일.

수입　收入 : 돈이나 물품 따위를 거두어들임. 또는 그 돈이나 물품.
　　　　輸入 : 다른 나라로부터 상품이나 기술 따위를 국내로 사들임.

수집　收集 : 거두어 모음.
　　　　蒐集 : 취미나 연구를 위하여 여러 가지 물건이나 재료를 찾아 모음.

시기　時期 : 어떤 일이나 현상이 진행되는 시점.
　　　　時機 : 적당한 때나 기회.
　　　　猜忌 : 남이 잘되는 것을 샘하여 미워함.

| 시상 | 施賞 : 상장이나 상품·상금 따위를 줌. |
| | 詩想 : 시를 짓기 위한 착상이나 구상. |

| 시인 | 是認 : 어떤 내용이나 사실이 옳거나 그러하다고 인정함. |
| | 詩人 : 시를 전문적으로 짓는 사람. |

실사	實事 : 사실로 있는 일.
	實査 : 실제를 조사하거나 검사함.
	實寫 : 실물·실경·실황 등을 그리거나 찍음. 또는 그런 그림이나 사진.

| 실수 | 失手 : 조심하지 않아 잘못함. 또는 그런 행위. |
| | 實收 : 실제의 수입이나 수확. |

심사	深思 : 깊이 생각함. 또는 깊은 생각.
	審査 : 자세하게 조사하여 등급이나 당락 따위를 결정함
	心思 : 어떤 일에 대한 여러 가지 마음의 작용.

| 역설 | 力說 : 자기의 뜻을 힘주어 말함. 또는 그런 말. |
| | 逆說 : 어떤 주의나 주장에 반대되는 이론이나 말. |

| 우수 | 優秀 : 여럿 가운데 뛰어남. |
| | 憂愁 : 근심과 걱정을 아울러 이르는 말. |

| 원수 | 元帥 : 장성 계급의 하나. 대장의 위로 가장 높은 계급. |
| | 怨讐 : 원한이 맺힐 정도로 자기에게 해를 끼친 사람이나 집단. |

유전	遺傳 : 물려받아 내려옴. 또는 그렇게 전해짐.
	有錢 : 돈이 있음.
	油田 : 석유가 나는 곳.

유지	有志 : 마을이나 지역에서 명망 있고 영향력을 가진 사람.
	維持 : 어떤 상태나 상황을 그대로 보존하거나 변함없이 계속해 지탱함.
	油脂 : 동물 또는 식물에서 채취한 기름을 통틀어 이르는 말.
	遺志 : 죽은 사람이 살아서 이루지 못하고 남긴 뜻.

| 유학 | 留學 : 외국에 머물면서 공부함. |
| | 儒學 : 중국의 공자를 시조(始祖)로 하는 전통적인 학문. |

의사	意思 : 무엇을 하고자 하는 생각.
	義士 : 의로운 지사(志士).
	醫師 : 일정한 자격을 가지고 병을 고치는 것을 직업으로 하는 사람.

이상	以上 : 수량이나 정도가 일정한 기준보다 더 많거나 나음.
	理想 : 생각할 수 있는 범위 안에서 가장 완전하다고 여겨지는 상태.
	異常 : 정상적인 상태와 다름.

이상　以上 : 수량이나 정도가 일정한 기준보다 더 많거나 나음.
　　　理想 : 생각할 수 있는 범위 안에서 가장 완전하다고 여겨지는 상태.
　　　異常 : 정상적인 상태와 다름.

이성　異性 : 성이 다름. 또는 다른 성.
　　　理性 : 개념적으로 사유하는 능력을 감각적 능력에 상대해 이르는 말.
　　　異性 : 성(性)이 다른 것. 남성 쪽에선 여성, 여성 쪽에선 남성을 이름.

이해　利害 : 이익과 손해를 아울러 이르는 말.
　　　理解 : 사리를 분별하여 해석함.

인도　人道 : 사람으로서 마땅히 지켜야 할 도리.
　　　人道 : 보도. 보행자의 통행에 사용하도록 된 도로.
　　　引導 : 사물이나 권리 따위를 넘겨줌.

인상　引上 : 물건값, 봉급, 요금 따위를 올림.
　　　印象 : 어떤 대상에 대하여 마음속에 새겨지는 느낌.

인정　人情 : 사람이 본래 가지고 있는 감정이나 심정.
　　　認定 : 확실히 그렇다고 여김.

비　　自費 : 필요한 비용을 자기가 부담하는 것. 또는 그 비용.
　　　慈悲 : 남을 깊이 사랑하고 가엾게 여김.

자원　自願 : 어떤 일을 자기 스스로 하고자 하여 나섬.
　　　資源 : 인간 생활 및 경제 생산에 이용되는 원료로서의 광물.

장관　長官 : 국무를 나누어 맡아 처리하는 행정 각 부의 우두머리.
　　　壯觀 : 훌륭하고 장대한 광경.

재고　再考 : 어떤 일이나 문제 따위에 대하여 다시 생각함.
　　　再顧 : 다시 되돌아봄.
　　　在庫 : 창고 따위에 쌓여 있음.

재화　災禍 : 재앙(災殃)과 화난(禍難)을 아울러 이르는 말.
　　　財貨 : 재산. 사람이 바라는 바를 충족시켜 주는 모든 물건.

전기　前記 : 어떤 대목을 기준으로 하여 그 앞부분에 씀. 또는 그런 기록.
　　　傳記 : 한 사람의 일생 동안의 행적을 적은 기록.
　　　轉機 : 전환점이 되는 기회나 시기.

전경　全景 : 한눈에 바라보이는 전체의 경치.
　　　前景 : 앞쪽에 보이는 경치.

전문　全文 : 어떤 글에서 한 부분도 빠지거나 빼지 않은 전체.
　　　前文 : 한 편의 글에서 앞부분에 해당하는 글.
　　　專門 : 상당한 지식과 경험을 가지고 오직 그 분야만 연구하거나 맡음.
　　　電文 : 전보의 내용이 되는 글.

전시　戰時 : 전쟁이 벌어진 때.
　　　展示 : 여러 가지 물품을 한곳에 벌여 놓고 보임.

전원　全員 : 소속된 인원의 전체.
　　　田園 : 논과 밭, 즉 도시에서 떨어진 시골이나 교외(郊外)를 이르는 말.
　　　電源 : 전기 코드의 콘센트 따위와 같이 기계 등에 전류가 오는 원천.

정리　情理 : 인정과 도리를 아울러 이르는 말.
　　　整理 : 흐트러진 상태에 있는 것을 치워서 질서 있는 상태가 되게 함.

정원　正員 : 정당한 자격을 가진 구성원.
　　　定員 : 일정한 규정에 의하여 정한 인원.
　　　庭園 : 집 안에 있는 뜰이나 꽃밭.

조리　條理 : 말이나 글, 일이나 행동에서 앞뒤가 들어맞고 체계가 서는 갈피.
　　　調理 : 건강이 회복되도록 몸을 보살피고 병을 다스림. 요리를 만듦. 또는
　　　　　　 그 방법이나 과정.

조선　造船 : 배를 설계하여 만듦.
　　　朝鮮 : 1392년 이성계가 고려를 무너뜨리고 세운 나라.

조화　弔花 : 조의를 표하는 데 쓰는 꽃.
　　　造化 : 만물을 창조하고 기르는 대자연의 이치.
　　　造花 : 종이·천·비닐 따위를 재료로 하여 인공적으로 만든 꽃.
　　　調和 : 서로 잘 어울림.

주관　主管 : 어떤 일을 책임을 지고 맡아 관리함.
　　　主觀 : 자기만의 견해나 관점.

주의　主義 : 굳게 지키는 주장이나 방침.
　　　注意 : 마음에 새겨 두고 조심함.

지도　地圖 : 일정한 비율로 줄여, 이를 약속된 기호로 평면에 나타낸 그림.
　　　指導 : 어떤 목적이나 방향으로 남을 가르쳐 이끎.

지성　至誠 : 지극한 정성.
　　　知性 : 정리된 지각을 바탕으로 새로운 인식을 낳게 하는 정신 작용.

지원	支援 : 지지하여 도움.	
	志願 : 어떤 일이나 조직에 뜻을 두어 한 구성원이 되기를 바람.	

지원   支援 : 지지하여 도움.
　　　　志願 : 어떤 일이나 조직에 뜻을 두어 한 구성원이 되기를 바람.

직선   直線 : 꺾이거나 굽은 데가 없는 곧은 선.
　　　　直選 : '직접 선거'를 줄여 이르는 말.

초대   初代 : 차례로 이어 나가는 자리나 지위에서 그 첫 번째에 해당하는 차례.
　　　　招待 : 어떤 모임에 참가해 줄 것을 청함.

최고   最古 : 가장 오래됨.
　　　　最高 : 가장 높음.
　　　　催告 : 재촉하는 뜻을 알림.

축전   祝典 : 축하하는 뜻으로 행하는 의식이나 행사.
　　　　祝電 : 축하하는 뜻을 나타내기 위하여 보내는 전보.
　　　　蓄電 : 축전기나 축전지에 전기를 모아 둠.

통화   通貨 : 유통 수단이나 지불 수단으로서 기능하는 화폐.
　　　　通話 : 전화로 말을 주고받음.

표지   表紙 : 책의 맨 앞뒤의 겉장.
　　　　標識 : 표시나 특징으로 어떤 사물을 다른 것과 구별하게 함.

학원   學院 : 학교 설치 기준의 여러 조건을 갖추지 아니한 사립 교육 기관.
　　　　學園 : 학교 및 기타 교육 기관을 통틀어 이르는 말.

화단   花壇 : 꽃을 심기 위하여 흙을 한층 높게 하여 꾸며 놓은 꽃밭.
　　　　畫壇 : 화가들의 사회.

화분   花盆 : 꽃을 심어 가꾸는 그릇.
　　　　花粉 : 종자식물의 수술의 화분낭 속에 들어 있는 꽃의 가루.

화랑   花郞 : 신라 때에 둔, 청소년의 민간 수양 단체.
　　　　畫廊 : 그림 따위의 미술품을 진열하여 전람하도록 만든 방.

화장   化粧 : 화장품을 바르거나 문질러 얼굴을 곱게 꾸밈.
　　　　火葬 : 시체를 불에 살라 장사 지냄.

같은 뜻을 가진 글자로 이루어진 낱말
유의결합어(類義結合語)

思(생각 사) - 想(생각 상)

歌(노래 가) - 謠(노래 요)

家(집 가) - 屋(집 옥)

覺(깨달을 각) - 悟(깨달을 오)

間(사이 간) - 隔(사이뜰 격)

舍(집 사) - 宅(집 택)

釋(풀 석) - 放(놓을 방)

選(가릴 선) - 擇(가릴 택)

洗(씻을 세) - 濯(빨 탁)

樹(나무 수) - 木(나무 목)

始(처음 시) - 初(처음 초)

身(몸 신) - 體(몸 체)

尋(찾을 심) - 訪(찾을 방)

哀(슬플 애) - 悼(슬퍼할 도)

念(생각할 염) - 慮(생각할 려)

要(구할 요) - 求(구할 구)

憂(근심 우) - 愁(근심 수)

技(재주 기) - 藝(재주 예)

怨(원망할 원) - 恨(한할 한)

隆(성할 융) - 盛(성할 성)

恩(은혜 은) - 惠(은혜 혜)

衣(옷 의) - 服(옷 복)

災(재앙 재) - 禍(재앙 화)

貯(쌓을 저) - 蓄(쌓을 축)

淨(깨끗할 정) - 潔(깨끗할 결)

精(정성 정) - 誠(정성 성)

希(바랄 희) - 望(바랄 망)

死(죽을 사) - 亡(망할 망)

嫉(미워할 질) - 妬(샘낼 투)

考(생각할 고) - 慮(생각할 려)

附(붙을 부) - 速(붙을 속)

扶(도울 부) - 助(도울 조)

墳(무덤 분) - 墓(무덤 묘)

批(칠 비) - 評(평론할 평)

俊(뛰어날 준) - 秀(빼어날 수)

中(가운데 중) - 央(가운데 앙)

知(알 지) - 識(알 식)

珍(보배 진) - 寶(보배 보)

進(나아갈 진) - 取(나아갈 취)

質(물을 질) - 問(물을 문)

倉(곳집 창) - 庫(곳집 고)

菜(나물 채) - 蔬(나물 소)

尺(자 척) - 度(자 도)

淸(맑을 청) - 潔(깨끗할 결)

聽(들을 청) - 聞(들을 문)

淸(맑을 청) - 淨(맑을 정)

律(법칙 율) - 法(법 법)

打(칠 타) - 擊(칠 격)

討(칠 토) - 伐(칠 벌)

鬪(싸울 투) - 爭(다툴 쟁)

畢(마칠 필) - 竟(마침내 경)

寒(찰 한) - 冷(찰 랭)

恒(항상 항) - 常(항상 상)

和(화할 화) - 睦(화목할 목)

歡(기쁠 환) - 喜(기쁠 희)

華(빛날 화) - 麗(빛날 려)

娛(즐길 오) - 樂(즐길 락)

患(근심 환) - 難(어려울 난)

絶(끊을 절) - 斷(끊을 단)

製(지을 제) - 作(지을 작)

製(지을 제) - 造(지을 조)

綜(마칠 종) - 了(마칠 료)

住(살 주) - 居(살 거)

揭(높이들 게) - 揚(올릴 양)

堅(굳을 견) - 固(굳을 고)

雇(품팔 고) - 用(품팔이 용)

攻(칠 공) - 擊(칠 격)

恭(공손할 공) - 敬(공경할 경)

恐(두려울 공) - 怖(두려울 포)

空(빌 공) - 虛(빌 허)

貢(바칠 공) - 獻(드릴 헌)

過(지날 과) - 去(갈 거)

具(갖출 구) - 備(갖출 비)

飢(주릴 기) - 餓(주릴 아)

喜(기쁠 희) - 樂(즐거울 락)

孤(외로울 고) - 獨(홀로 독)

敦(도타울 돈) - 篤(도타울 독)

勉(힘쓸 면) - 勵(힘쓸 려)

滅(멸망할 멸) - 亡(망할 망)

毛(털 모) - 髮(터럭 발)

茂(우거질 무) - 盛(성할 성)

返(돌이킬 반) - 還(돌아올 환)

法(법 법) - 典(법 전)

皇(임금 황) - 帝(임금 제)

生(날 생) - 活(살 활)

溫(따뜻할 온) - 暖(따뜻할 난)

淸(갤 청) - 朗(맑을 랑)

서로 반대의 뜻을 가진 글자로 이루어진 낱말
반의결합어(反義結合語)

愛(사랑 애) ↔ 憎(미울 증)	來(올 래) ↔ 往(갈 왕)	始(비로소 시) ↔ 終(마칠 종)
加(더할 가) ↔ 減(덜 감)	可(옳을 가) ↔ 否(아닐 부)	冷(찰 랭) ↔ 溫(따뜻할 온)
始(비로소 시) ↔ 末(끝 말)	干(방패 간) ↔ 戈(창 과)	矛(창 모) ↔ 盾(방패 순)
新(새 신) ↔ 舊(옛 구)	強(강할 강) ↔ 弱(약할 약)	問(물을 문) ↔ 答(답할 답)
伸(펼 신) ↔ 縮(오그라들 축)	開(열 개) ↔ 閉(닫을 폐)	賣(팔 매) ↔ 買(살 매)
深(깊을 심) ↔ 淺(얕을 천)	去(갈 거) ↔ 來(올 래)	明(밝을 명) ↔ 暗(어두울 암)
安(편안할 안) ↔ 危(위태할 위)	輕(가벼울 경) ↔ 重(무거울 중)	美(아름다울 미) ↔ 醜(추할 추)
慶(경사 경) ↔ 弔(조상할 조)	腹(배 복) ↔ 背(등 배)	哀(슬플 애) ↔ 歡(기뻐할 환)
經(날 경) ↔ 緯(씨 위)	夫(지아비 부) ↔ 妻(아내 처)	抑(누를 억) ↔ 揚(들날릴 양)
乾(하늘 건) ↔ 坤(땅 곤)	浮(뜰 부) ↔ 沈(잠길 침)	榮(영화 영) ↔ 辱(욕될 욕)
姑(시어미 고) ↔ 婦(며느리 부)	貧(가난할 빈) ↔ 富(넉넉할 부)	緩(느릴 완) ↔ 急(급할 급)
苦(괴로울 고) ↔ 樂(즐거울 락)	死(죽을 사) ↔ 活(살 활)	往(갈 왕) ↔ 復(돌아올 복)
高(높을 고) ↔ 低(낮을 저)	盛(성할 성) ↔ 衰(쇠진할 쇠)	優(넉넉할 우) ↔ 劣(용렬할 렬)
功(공 공) ↔ 過(허물 과)	成(성할 성) ↔ 敗(패할 패)	恩(은혜 은) ↔ 怨(원망할 원)
攻(칠 공) ↔ 防(막을 방)	善(착할 선) ↔ 惡(악할 악)	陰(그늘 음) ↔ 陽(볕 양)
遠(멀 원) ↔ 近(가까울 근)	損(덜 손) ↔ 益(더할 익)	離(떠날 이) ↔ 合(합할 합)
吉(길할 길) ↔ 凶(흉할 흉)	送(보낼 송) ↔ 迎(맞을 영)	難(어려울 난) ↔ 易(쉬울 이)
疏(드물 소) ↔ 密(빽빽할 밀)	任(맡길 임) ↔ 免(면할 면)	濃(짙을 농) ↔ 淡(엷을 담)
需(쓸 수) ↔ 給(줄 급)	雌(암컷 자) ↔ 雄(수컷 웅)	斷(끊을 단) ↔ 續(이을 속)
수(머리 수) ↔ 미(꼬리 미)	조(이를 조) ↔ 만(늦을 만)	당(마땅 당) ↔ 락(떨어질 락)
수(받을 수) ↔ 수(줄 수)	조(아침 조) ↔ 석(저녁 석)	대(빌릴 대) ↔ 차(빌려줄 차)
승(오를 승) ↔ 강(내릴 강)	존(높을 존) ↔ 비(낮을 비)	득(얻을 득) ↔ 실(잃을 실)
승(이길 승) ↔ 패(패할 패)	주(주인 주) ↔ 종(따를 종)	진(참 진) ↔ 위(거짓 위)
출(날 출) ↔ 납(들일 납)	허(빌 허) ↔ 실(열매 실)	증(더할 증) ↔ 감(덜 감)
친(친할 친) ↔ 소(성길 소)	후(두터울 후) ↔ 박(엷을 박)	집(모을 집) ↔ 산(흩을 산)
표(겉 표) ↔ 리(속 리)	희(기쁠 희) ↔ 비(슬플 비)	첨(더할 첨) ↔ 삭(깎을 삭)
한(찰 난) ↔ 난(따뜻할 난)	청(맑을 청) ↔ 탁(흐릴 탁)	화(재화 화) ↔ 복(복 복)

서로 상반되는 낱말
상대어(相對語)

輸出(수출) ↔ 輸入(수입)
急性(급성) ↔ 慢性(만성)
假象(가상) ↔ 實在(실재)
加熱(가열) ↔ 冷却(냉각)
干涉(간섭) ↔ 放任(방임)
減少(감소) ↔ 增加(증가)
感情(감정) ↔ 理性(이성)
剛健(강건) ↔ 柔弱(유약)
强硬(강경) ↔ 柔和(유화)
開放(개방) ↔ 閉鎖(폐쇄)
個別(개별) ↔ 全體(전체)
客觀(객관) ↔ 主觀(주관)
客體(객체) ↔ 主體(주체)
巨大(거대) ↔ 微少(미소)
巨富(거부) ↔ 極貧(극빈)
拒絶(거절) ↔ 承諾(승낙)
建設(건설) ↔ 破壞(파괴)
乾燥(건조) ↔ 濕潤(습윤)
傑作(걸작) ↔ 拙作(졸작)
單式(단식) ↔ 複式(복식)
短縮(단축) ↔ 延長(연장)
大乘(대승) ↔ 小乘(소승)
對話(대화) ↔ 獨白(독백)
都心(도심) ↔ 郊外(교외)
獨創(독창) ↔ 模倣(모방)
滅亡(멸망) ↔ 興隆(흥륭)
名譽(명예) ↔ 恥辱(치욕)
無能(무능) ↔ 有能(유능)
物質(물질) ↔ 情神(정신)
密集(밀집) ↔ 散在(산재)
反抗(반항) ↔ 服從(복종)

可決(가결) ↔ 否決(부결)
輕減(경감) ↔ 加重(가중)
經度(경도) ↔ 緯度(위도)
輕率(경솔) ↔ 愼重(신중)
輕視(경시) ↔ 重視(중시)
高雅(고아) ↔ 卑俗(비속)
固定(고정) ↔ 流動(유동)
高調(고조) ↔ 低調(저조)
供給(공급) ↔ 需要(수요)
空想(공상) ↔ 現實(현실)
過激(과격) ↔ 穩健(온건)
極大(극대) ↔ 極小(극소)
光明(광명) ↔ 暗黑(암흑)
巧妙(교묘) ↔ 拙劣(졸렬)
拘禁(구금) ↔ 釋放(석방)
拘束(구속) ↔ 放免(방면)
求心(구심) ↔ 遠心(원심)
屈服(굴복) ↔ 抵抗(저항)
權利(권리) ↔ 義務(의무)
非凡(비범) ↔ 平凡(평범)
悲哀(비애) ↔ 歡喜(환희)
死後(사후) ↔ 生前(생전)
削減(삭감) ↔ 增額(증액)
散文(산문) ↔ 韻文(운문)
相剋(상극) ↔ 相生(상생)
常例(상례) ↔ 特例(특례)
喪失(상실) ↔ 獲得(획득)
詳述(상술) ↔ 略述(약술)
生食(생식) ↔ 火食(화식)
先天(선천) ↔ 後天(후천)
成熟(성숙) ↔ 未熟(미숙)

儉約(검약) ↔ 浪費(낭비)
急行(급행) ↔ 緩行(완행)
肯定(긍정) ↔ 否定(부정)
旣決(기결) ↔ 未決(미결)
奇拔(기발) ↔ 平凡(평범)
飢餓(기아) ↔ 飽食(포식)
吉兆(길조) ↔ 凶兆(흉조)
樂觀(낙관) ↔ 悲觀(비관)
落第(낙제) ↔ 及第(급제)
樂天(낙천) ↔ 厭世(염세)
暖流(난류) ↔ 寒流(한류)
濫用(남용) ↔ 節約(절약)
朗讀(낭독) ↔ 默讀(묵독)
內容(내용) ↔ 形式(형식)
老鍊(노련) ↔ 未熟(미숙)
濃厚(농후) ↔ 稀薄(희박)
能動(능동) ↔ 被動(피동)
多元(다원) ↔ 一元(일원)
單純(단순) ↔ 複雜(복잡)
自動(자동) ↔ 手動(수동)
自律(자율) ↔ 他律(타율)
自意(자의) ↔ 他意(타의)
敵對(적대) ↔ 友好(우호)
絶對(절대) ↔ 相對(상대)
漸進(점진) ↔ 急進(급진)
靜肅(정숙) ↔ 騷亂(소란)
正午(정오) ↔ 子正(자정)
定着(정착) ↔ 漂流(표류)
弔客(조객) ↔ 賀客(하객)
直系(직계) ↔ 傍系(방계)
眞實(진실) ↔ 虛僞(허위)

放心(방심) ↔ 操心(조심)	消極(소극) ↔ 積極(적극)	質疑(질의) ↔ 應答(응답)
背恩(배은) ↔ 報恩(보은)	所得(소득) ↔ 損失(손실)	斬新(참신) ↔ 陳腐(진부)
凡人(범인) ↔ 超人(초인)	疎遠(소원) ↔ 親近(친근)	縮小(축소) ↔ 擴大(확대)
可決(가결) ↔ 否決(부결)	最小(최소) ↔ 最大(최대)	儉約(검약) ↔ 浪費(낭비)
別居(별거) ↔ 同居(동거)	淑女(숙녀) ↔ 紳士(신사)	快樂(쾌락) ↔ 苦痛(고통)
保守(보수) ↔ 進步(진보)	順行(순행) ↔ 逆行(역행)	快勝(쾌승) ↔ 慘敗(참패)
本業(본업) ↔ 副業(부업)	靈魂(영혼) ↔ 肉體(육체)	好況(호황) ↔ 不況(불황)
富裕(부유) ↔ 貧窮(빈궁)	憂鬱(우울) ↔ 明朗(명랑)	退化(퇴화) ↔ 進化(진화)
不實(부실) ↔ 充實(충실)	連敗(연패) ↔ 連勝(연승)	敗北(패배) ↔ 勝利(승리)
敷衍(부연) ↔ 省略(생략)	偶然(우연) ↔ 必然(필연)	虐待(학대) ↔ 優待(우대)
否認(부인) ↔ 是認(시인)	恩惠(은혜) ↔ 怨恨(원한)	合法(합법) ↔ 違法(위법)
分析(분석) ↔ 綜合(종합)	依他(의타) ↔ 自立(자립))	好材(호재) ↔ 惡材(악재)
紛爭(분쟁) ↔ 和解(화해)	人爲(인위) ↔ 自然(자연)	好轉(호전) ↔ 逆戰(역전)
不運(불운) ↔ 幸運(행운)	立體(입체) ↔ 平面(평면)	興奮(흥분) ↔ 鎭靜(진정)
非番(비번) ↔ 當番(당번)	入港(입항) ↔ 出港(출항)	夏季(하계) ↔ 冬季(동계)
加工(가공) ↔ 實際(실제)	離別(이별) ↔ 邂逅(해후)	上昇(상승) ↔ 下降(하강)
稱讚(칭찬) ↔ 叱咤(질타)	入社(입사) ↔ 退社(퇴사)	入口(입구) ↔ 出口(출구)
當選(당선) ↔ 落選(낙선)	出勤(출근) ↔ 退勤(퇴근)	確實(확실) ↔ 模糊(모호)
未來(미래) ↔ 過去(과거)	上流(상류) ↔ 下流(하류)	昇進(승진) ↔ 左遷(좌천)
早食(조식) ↔ 夕食(석식)	戰爭(전쟁) ↔ 平和(평화)	債權(채권) ↔ 債務(채무)
優良(우량) ↔ 不實(부실)	他鄕(타향) ↔ 故鄕(고향)	都買(도매) ↔ 小賣(소매)
名筆(명필) ↔ 惡筆(악필)	上昇(상승) ↔ 下降(하강)	曲線(곡선) ↔ 直線(직선)
座席(좌석) ↔ 立席(입석)	出發(출발) ↔ 倒着(도착)	兄夫(형부) ↔ 弟夫(제부)
修交(수교) ↔ 斷交(단교)	稱讚(칭찬) ↔ 非難(비난)	登山(등산) ↔ 下山(하산)
入隊(입대) ↔ 除隊(제대)	滿潮(만조) ↔ 干潮(간조)	上弦(상현) ↔ 下弦(하현)
冬服(동복) ↔ 夏服(하복)	利益(이익) ↔ 損害(손해)	先拂(선불) ↔ 後拂(후불)
結婚(결혼) ↔ 離婚(이혼)	入學(입학) ↔ 卒業(졸업)	先輩(선배) ↔ 後輩(후배)
約婚(약혼) ↔ 破婚(파혼)	悲劇(비극) ↔ 喜劇(희극)	入金(입금) ↔ 出金(출금)
開戰(개전) ↔ 終戰(종전)	人道(인도) ↔ 車道(차도)	入場(입장) ↔ 退場(퇴장)
可決(가결) ↔ 否決(부결)	勝戰(승전) ↔ 敗戰(패전)	民主(민주) ↔ 獨裁(독재)
不安(불안) ↔ 平安(평안)	搬入(반입) ↔ 搬出(반출)	乘車(승차) ↔ 下車(하차)
義務(의무) ↔ 權利(권리)	出生(출생) ↔ 死亡(사망)	出勤(출근) ↔ 退勤(퇴근)
直線(직선) ↔ 曲線(곡선)	黑字(흑자) ↔ 赤字(적자)	祖上(조상) ↔ 後孫(후손)
優良(우량) ↔ 不良(불량)	食前(식전) ↔ 食後(식후)	長點(장점) ↔ 短點(단점)
生花(생화) ↔ 造花(조화)	國內(국내) ↔ 海外(해외)	積極(적극) ↔ 消極(소극)

같거나 비슷한 뜻을 가진 낱말
동의어(同義語)와 유의어(類義語)

成功(성공) - 成就(성취)	功勞(공로) - 功績(공적)	修理(수리) - 修繕(수선)
宗敎(종교) - 信仰(신앙)	先生(선생) - 敎師(교사)	準備(준비) - 對備(대비)
近處(근처) - 近方(근방)	貯金(저금) - 貯蓄(저축)	儉約(검약) - 儉素(검소)
安否(안부) - 問安(문안)	禮法(예법) - 禮節(예절)	回甲(회갑) - 還甲(환갑)
付託(부탁) - 請託(청탁)	結婚(결혼) - 婚姻(혼인)	順序(순서) - 節次(절차)
逃亡(도망) - 逃走(도주)	報恩(보은) - 報答(보답)	違反(위반) - 違背(위배)
矜持(긍지) - 自負(자부)	學費(학비) - 學資(학자)	海外(해외) - 異域(이역)
謙遜(겸손) - 謙虛(겸허)	土臺(토대) - 基礎(기초)	畢竟(필경) - 結局(결국)
共鳴(공명) - 首肯(수긍)	答書(답서) - 答狀(답장)	戱弄(희롱) - 籠絡(농락)
古刹(고찰) - 古寺(고사)	瞑想(명상) - 思想(사상)	交涉(교섭) - 折衝(절충)
侮蔑(모멸) - 凌蔑(능멸)	煩悶(번민) - 煩惱(번뇌)	飢死(기사) - 餓死(아사)
莫論(막론) - 勿論(물론)	先考(선고) - 先親(선친)	落心(낙심) - 落膽(낙담)
貿易(무역) - 交易(교역)	同窓(동창) - 同門(동문)	妄想(망상) - 夢想(몽상)
放浪(방랑) - 流浪(유랑)	目睹(목도) - 目擊(목격)	謀陷(모함) - 中傷(중상)
符合(부합) - 一致(일치)	思考(사고) - 思惟(사유)	矛盾(모순) - 撞着(당착)
昭詳(소상) - 仔細(자세)	觀點(관점) - 見解(견해)	背恩(배은) - 亡德(망덕)
順從(순종) - 服從(복종)	矜持(긍지) - 自負(자부)	寺院(사원) - 寺刹(사찰)
兵營(병영) - 病舍(병사)	丹靑(단청) - 彩色(채색)	象徵(상징) - 表象(표상)
上旬(상순) - 初旬(초순)	書簡(서간) - 書翰(서한)	永眠(영면) - 別世(별세)
視野(시야) - 眼界(안계)	戰歿(전몰) - 戰死(전사)	淳朴(순박) - 素朴(소박)
周旋(주선) - 斡旋(알선)	始祖(시조) - 鼻祖(비조)	弱點(약점) - 短點(단점)
威脅(위협) - 脅迫(협박)	類似(유사) - 恰似(흡사)	天地(천지) - 乾坤(건곤)
要請(요청) - 要求(요구)	滯留(체류) - 滯在(체재)	精誠(정성) - 至誠(지성)
招待(초대) - 招請(초청)	才能(재능) - 才幹(재간)	祭需(제수) - 祭物(제물)
嫡出(적출) - 嫡子(적자)	造花(조화) - 假花(가화)	朝廷(조정) - 政府(정부)
他鄕(타향) - 他官(타관)	巨商(거상) - 大商(대상)	寶貨(보화) - 寶物(보물)
苦生(고생) - 苦難(고난)	王妃(왕비) - 王后(왕후)	上司(상사) - 上官(상관)
興味(흥미) - 關心(관심)	將來(장래) - 未來(미래)	不平(불평) - 不滿(불만)

꼭 알아야 할 사자성어(四字成語)

가가호호(家家戶戶) : 한 집 한 집마다. 곧 집집마다.

가담항설(街談巷說) : 거리의 뜬소문. 세상의 풍문(風聞).

가렴주구(苛斂誅求) : 세금 등을 가혹하게 거두어들여, 백성을 못살게 들볶음.

가인박명(佳人薄命) : 아름다운 여자는 수명이 짧다는 말.

각골난망(刻骨難忘) : 입은 은혜에 대한 고마움이 뼈에 사무쳐서 잊혀지지 않음.

간난신고(艱難辛苦) : 갖은 고초를 다 겪음.

감개무량(感慨無量) : 마음에 사무치는 느낌이 한이 없음.

감언이설(甘言利說) : 비위에 맞게 꾸민 달콤한 말과 이로운 조건을 붙여 꾀는 말.

감지덕지(感之德之) : 분에 넘치는 듯싶어 매우 고맙게 여기는 모양.

갑남을녀(甲男乙女) : 갑(甲)이란 남자와 을(乙)이란 여자, 즉 평범한 사람을 말함.

갑론을박(甲論乙駁) : 서로 자기의 의견을 내세워 남의 의견을 반박함.

개과천선(改過遷善) : 허물을 고쳐 착하게 됨.

거두절미(去頭截尾) : 일의 원인과 결과를 빼고 요점만을 말함.

격세지감(隔世之感) : 세대를 건너뛴 듯, 마치 딴 세대와도 같이 몹시 달라진 느낌.

견강부회(牽強附會) : 이치에 닿지 않는 것을 억지로 끌어다가 붙임.

견물생심(見物生心) : 물건을 보면 갖고 싶은 욕심이 생김.

견원지간(犬猿之間) : 개와 원숭이의 사이처럼 대단히 사이가 나쁜 관계.

결자해지(結者解之) : '맺은 사람이 풀어야 한다'는 뜻으로, 자기가 저지른 일은 자기가 마무리지어야 한다는 말.

결초보은(結草報恩) : 죽어서라도 은혜를 갚음.

겸양지덕(謙讓之德) : 겸손하고 사양하는 미덕.

경거망동(輕擧妄動) : 경솔하고 망령된 행동.

경국지색(傾國之色) : 한 나라의 형세를 기울어지게 할 만큼 아름다운 미인.

경세제민(經世濟民) : 세상을 다스리고 백성을 구제함.

경천동지(驚天動地) : '하늘을 놀라게 하고 땅을 뒤흔든다'는 뜻으로, 세상을 몹시 놀라게 함을 말함.

경천애인(敬天愛人) : 하늘을 공경하고 사람을 사랑함.

고군분투(孤軍奮鬪) : 홀로 여럿을 상대로 하여 싸우는 것을 말함.

고대광실(高臺廣室) : 굉장히 크고 좋은 집을 말함.

고량진미(膏粱珍味) : 아주 맛있는 음식.

고립무원(孤立無援) : 고립되어 도움을 받을 데가 없음.

고복격양(鼓腹擊壤) : 태평세월을 의미함. 중국의 요 임금 때, 한 노인이 배를 두드리고 땅을 치면서 임금의 덕을 찬양한 고사에서 비롯된 말.

고장난명(孤掌難鳴) : '한 손뼉만으로는 울리지 않는다'는 데서, 혼자만의 힘으로는 어떤 일을 하기가 어렵다는 것을 비유함.

고진감래(苦盡甘來) : 괴로움이 다하면 즐거움이 온다는 말.

고침안면(高枕安眠) : 베개를 높이 하고 편히 잘 잔다는 뜻.

곡학아세(曲學阿世) : 학문을 왜곡하여 세속에 아부함.

골육상쟁(骨肉相爭) : 동족이나 친족끼리 서로 싸우는 것을 비유함.

공명정대(公明正大) : 공명하고 정대함. 떳떳함.

공중누각(空中樓閣) : 근거 없는 가공의 사물을 가리키는 말.

과대망상(誇大妄想) : 터무니없이 과장하여 그것을 믿는 망령된 생각.

과유불급(過猶不及) : 정도를 지나침은 미치지 못한 것과 같음.

관포지교(管鮑之交) : 춘추시대 제나라의 관중과 포숙이 매우 우정이 깊었다는 이야기에서 비롯된 말로, 매우 허물없는 교제를 이르는 말.

괄목상대(刮目相對) : '눈을 비비고 서로 대한다'는 말로, 남의 학식이나 재주가 갑자기 좋아진 것을 보고 그에 대한 인식을 새롭게 함을 비유함.

광명정대(光明正大) : 언행이 떳떳하고 정당함.

교각살우(矯角殺牛) : '소의 뿔을 바로잡으려다 소를 죽인다'는 데서, 작은 일로 인해 큰 일을 그르침을 말함.

교언영색(巧言令色) : 남의 환심을 사려고 아첨하는 교묘한 말과 보기 좋게 꾸미는 얼굴빛.

구밀복검(口蜜腹劍) : 겉으로는 친절한 듯하나 내심으로는 해칠 생각을 품는 것을 말함.

구사일생(九死一生) : 거의 죽을 뻔하다가 겨우 살아남.

구상유취(口尙乳臭) : '입에서 아직 젖내가 난다', 즉 언행이 매우 유치함을 말함.

구우일모(九牛一毛) : 여러 마리의 소의 털 가운데서 한 가닥의 털. 곧, 아주 큰 물건 속에 있는 아주 작은 물건.

국태민안(國泰民安) : 나라는 태평하고 백성은 평안함.

군계일학(群鷄一鶴) : 많은 닭 가운데의 한 마리의 학. 곧 많은 평범한 사람들 중의 한 뛰어난 인물.

군웅할거(群雄割據) : 많은 영웅들이 각지에 자리잡고 서로 세력을 다툼.

궁여지책(窮餘之策) : 매우 궁한 나머지 짜낸 계책. 궁여일책(窮餘一策).

권모술수(權謀術數) : 사람을 속이는 임기응변의 모략과 수단.

권불십년(權不十年) : 아무리 높은 권세도 10년을 가지 못한다는 말.

권선징악(勸善懲惡) : 착한 일을 권장하고 악한 일을 징계함.

권토중래(捲土重來) : 한 번 패한 자가 힘을 돌이켜 전력을 다해 다시 쳐들어옴.

극악무도(極惡無道) : 지극히 악하고도 도의심이 없음.

금과옥조(金科玉條) : 금이나 옥과 같이 몹시 귀중한 법칙이나 규정.

금란지계(金蘭之契) : 다정한 친구 사이의 정을 이르는 말.

금상첨화(錦上添花) : 비단 위에다 꽃을 얹는다는 데서, 좋은 일이 겹침을 말함. ↔ 설상가
상(雪上加霜).

금석맹약(金石盟約) : 쇠나 돌 같은 굳은 약속.

금석지교(金石之交) : 쇠나 돌처럼 굳고 변함없는 교제.

금수강산(錦繡江山) : 비단 위에 수를 놓은 듯이 아름다운 산천. 우리나라 강산의 아름다움
을 일컫는 말.

금슬지락(琴瑟之樂) : 부부 사이의 정이 좋은 것.

금시초문(今始初聞) : 이제야 비로소 처음으로 들음.

금의야행(錦衣夜行) : 비단옷을 입고 밤에 다닌다는 뜻으로, 아무 보람이 없는 행동을 비유함.

금의환향(錦衣還鄉) : '비단옷을 입고 고향으로 돌아온다'는 데서, 출세를 하여 고향에 돌아
옴을 말함.

금지옥엽(金枝玉葉) : '금 가지와 옥 잎사귀'라는 뜻에서, 임금의 자손이나 집안, 혹은 귀여
운 자손을 비유함.

기고만장(氣高萬丈) : 기운이 펄펄 나는 모양을 말함.

기사회생(起死回生) : 죽을 수밖에 없는 처지에서 일어나 되살아남. 곧, 중병으로 죽을 뻔하
다가 도로 회복되어 살아남을 말함.

기상천외(奇想天外) : 보통으로는 생각할 수 없는 기발한 생각이나 그런 모양.

기승전결(起承轉結) : 시구를 구성하는 방법. 기는 시를 시작하는 부분, 승은 그것을 이어받
아 전개하는 부분, 전은 시의를 한 번 돌려 전환하는 부분, 결은 전체
시의(詩意)를 끝맺는 부분임.

기암괴석(奇巖怪石) : 기이한 바위와 괴상한 돌.

기진맥진(氣盡脈盡) : 기운과 정력이 다함.

기호지세(騎虎之勢) : 범을 타고 달리는 기세. 곧, 중도에서 그만둘 수 없는 형세.

길흉화복(吉凶禍福) : 길흉과 화복.

낙양지귀(洛陽紙貴) : '낙양의 지가를 올리다'라는 뜻. 곧 저서가 호평을 받아 베스트셀러가
됨을 이르는 말.

낙화유수(落花流水) : 떨어지는 꽃과 흐르는 물.

난공불락(難攻不落) : 공격하기가 어려워 함락되지 않음.

난형난제(難兄難弟) : '누가 형이고 누가 아우인지 가려내기 어렵다'는 뜻으로, 두 사물의 낫고 못함을 분간하기 어려울 때 비유하는 말.

남가일몽(南柯一夢) : 한때의 헛된 부귀.

남부여대(男負女戴) : 가난한 사람들이 떠돌아다니면서 사는 것을 말함.

낭중지추(囊中之錐) : 주머니 속에 든 송곳은 끝이 뾰족하여 밖으로 나오는 것과 같이, 뛰어난 재주를 가진 사람은 숨기려 해도 저절로 드러난다는 뜻.

내우외환(內憂外患) : 나라 안팎의 근심 걱정.

내유외강(內柔外剛) : 사실은 마음이 약한데도 외부에는 강하게 나타남.

노기충천(怒氣衝天) : '성난 기색이 하늘을 찌를 정도'라는 데서, 잔뜩 성이 나 있음을 말함.

노마지지(老馬之智) : '늙은 말의 지혜'란 뜻으로, 아무리 하찮은 것일지라도 각기 장기나 장점을 지니고 있음을 이르는 말.

노심초사(勞心焦思) : 마음으로 애를 쓰며 속을 태움.

논공행상(論功行賞) : 세운 공에 의하여 상을 줌.

농가성진(弄假成眞) : 장난삼아 한 것이 참으로 한 것같이 됨.

뇌성벽력(雷聲霹靂) : 우렛소리와 벼락.

누란지세(累卵之勢) : 달걀을 포개어 놓은 것과 같은 몹시 위태로운 형세를 말함.

누란지위(累卵之危) : 알을 쌓아 놓은 것처럼 위태로운 형세의 비유.

다기망양(多岐亡羊) : 학문의 길이 여러 갈래여서 진리를 찾기가 쉽지 않음.

다다익선(多多益善) : 많을수록 더욱더 좋다는 말.

다재다능(多才多能) : 재능이 많음.

단도직입(單刀直入) : '한 칼로 바로 적진에 쳐들어간다'는 뜻으로, 요점을 바로 짚어 들어감을 말함.

대경실색(大驚失色) : 크게 놀라서 얼굴빛을 잃음.

대기만성(大器晩成) : 큰 솥이나 큰 종 같은 것을 만드는 데는 시간이 오래 걸리듯이, 크게 될 사람은 늦게 이루어진다는 말.

대동소이(大同小異) : 다른 점보다는 같은 점이 많음.

대성통곡(大聲痛哭) : 큰 소리로 슬피 욺.

독불장군(獨不將軍) : 무슨 일이나 제 생각대로 혼자서 처리하는 사람, 혹은 따돌림을 받는 외로운 사람을 말하기도 함.

독서삼매(讀書三昧) : 오직 책 읽기에만 골몰하는 일.

동가홍상(同價紅裳) : 같은 값이면 다홍치마.

동고동락(同苦同樂) : 같이 고생하고 같이 즐김. 괴로움과 즐거움을 함께 함

동문서답(東問西答) : 묻는 말에 대하여 아주 딴판의 소리로 대답함을 말함.

동병상련(同病相憐) : '같은 병을 앓는 사람끼리 서로 가엾게 여긴다'는 데서, 처지가 비슷한 사람끼리 서로 동정함을 말함.

동분서주(東奔西走) : 사방으로 이리저리 바삐 돌아다님.

동상이몽(同床異夢) : 같은 처지에 있으면서도 목표가 저마다 다름을 일컫는 말.

두문불출(杜門不出) : '문을 닫고 나오지 않는다', 즉 세상과 인연을 끊고 은거함.

등화가친(燈火可親) : 가을밤은 서늘하여 등불을 가까이하여 글 읽기에 좋다는 말.

마부작침(磨斧作針) : 도끼를 갈아서 바늘을 만든다는 말.

마이동풍(馬耳東風) : 남의 말을 귀담아 듣지 않고 지나쳐 흘려버림을 말함.

막상막하(莫上莫下) : '위도 없고 아래도 없다'는 데서, 우열의 차가 없다는 말.

막역지우(莫逆之友) : 서로의 뜻을 거스르지 않는 친한 벗.

만경창파(萬頃蒼波) : 한없이 넓고 푸른 바다.

만고불멸(萬古不滅) : 오랜 세월을 두고 사라지지 않음.

만고불변(萬古不變) : 오랜 세월을 두고 변하지 않음.

만고풍상(萬古風霜) : 오랫동안 겪어 온 갖가지 고생.

만사휴의(萬事休矣) : 모든 일이 끝났다는 데서, 모든 일이 전혀 가망이 없다는 뜻.

만수무강(萬壽無疆) : 오래 살아 끝이 없다는 뜻으로, 장수를 축복하는 말.

만시지탄(晚時之歎) : 때늦은 한탄.

망양지탄(亡羊之歎) : 학문의 길이 여러 갈래여서 잡기 어렵다는 말로 쓰임.

망연자실(茫然自失) : 정신을 잃고 어리둥절한 모양.

맹모단기(孟母斷機) : 학문을 중도에 그만두는 것은 짜고 있던 베의 날실을 끊어 버리는 것과 같다는 말.

맹모삼천(孟母三遷) : 맹자의 어머니가 맹자의 교육을 위해 세 번 이사했다는 말.

면종복배(面從腹背) : 겉으로는 복종하는 체하면서 속으로는 배반하는 것을 말함.

멸사봉공(滅私奉公) : 사적인 것을 버리고 공적인 것을 위하여 힘써 일함.

명경지수(明鏡止水) : 고요하고 잔잔한 마음을 비유하는 말.

명실상부(名實相符) : 명목과 실상이 서로 딱 맞음.

명약관화(明若觀火) : 밝기가 불을 보는 것과 같다는 데서, 어떤 사실이 불을 보듯이 환함을 말함.

목불인견(目不忍見) : 눈으로 차마 보지 못할 광경이나 참상.

무소부지(無所不知) : 모르는 것이 없음.

무소불위(無所不爲) : 못하는 것이 없음.

무위도식(無爲徒食) : 아무 하는 일이 없이 한갓 먹기만 함.

문경지교(刎頸之交) : 생사를 함께 하는 친한 사이.

문방사우(文房四友) : 종이·붓·먹·벼루의 네 문방구.

문전걸식(門前乞食) : 이 집 저 집 돌아다니며 빌어먹는 것을 말함.

문전성시(門前成市) : 찾아오는 사람이 많아 집 문 앞이 시장을 이루다시피 함을 이르는 말.

미사여구(美辭麗句) : 좋은 말과 화려한 글귀.

미풍양속(美風良俗) : 아름답고 좋은 풍속.

박장대소(拍掌大笑) : 손뼉을 치며 크게 웃음.

박학다식(博學多識) : 학문이 넓고 식견이 많음.

반목질시(反目嫉視) : 서로 미워하고 시기하는 눈으로 봄.

반포지효(反哺之孝) : '까마귀 새끼가 자라서 늙은 어미에게 먹이를 물어다 주는 효(孝)', 즉 자식이 자란 후에 어버이의 은혜를 갚는 효성을 이르는 말.

발본색원(拔本塞源) : 폐단이 되는 원천을 아주 뽑아서 없애 버림을 말함.

방약무인(傍若無人) : 제 세상인 듯 함부로 날뜀.

배수지진(背水之陣) : 목숨을 걸고 필사의 각오로 적과 싸우는 것을 말함.

배은망덕(背恩忘德) : 남한테 입은 은혜를 저버리고 은덕을 잊음.

백골난망(白骨難忘) : 죽어 백골이 되어도 깊은 은덕을 잊을 수 없다는 말.

백년가약(百年佳約) : 젊은 남녀가 혼인을 하여 한평생을 아름답게 지내자는 언약.

백년대계(百年大計) : 먼 뒷날까지 걸친 큰 계획. 백년지계(百年之計).

백년해로(百年偕老) : 부부가 화합하여 함께 늙도록 살아감을 말함.

백발백중(百發百中) : 쏘는 것마다 모두 맞는다는 데서, 앞서 생각한 일들이 꼭꼭 들어맞는 것, 또는 하는 일마다 실패 없이 잘 되는 것을 말함.

백의종군(白衣從軍) : 벼슬이 없는 신분으로 군대를 따라 전장으로 감.

백전노장(百戰老將) : '수많은 싸움을 치른 노련한 장수'라는 말로, 세상의 온갖 풍파를 다 겪은 사람을 비유함.

백전백승(百戰百勝) : 싸우는 때마다 모조리 이김.

백절불굴(百折不屈) : 백 번 꺾여도 굽히지 않는다는 데서, 모든 어려움을 극복해 나가는 것을 비유함.

백중지세(佰仲之勢) : 맏형과 그다음의 사이처럼 우열을 가리기 어려움을 말함.

백척간두(百尺竿頭) : 일백 자 되는 높은 장대 위에 섰으니, 아주 위태롭고 지경임.

백팔번뇌(百八煩惱) : 불교 용어로, 인간의 과거·현재·미래의 삼세에 걸쳐 있다는 108가지 번뇌를 말함.

부전자전(父傳子傳) : 대대로 아버지가 아들에게 전함. 부자상전(父子相傳).

부지기수(不知其數) : 그 수를 헤아리지 못함.

부창부수(夫唱婦隨) : 남편이 부르면 아내가 따른다는 뜻으로, 부부의 도리를 이름.

부화뇌동(附和雷同) : 자기의 주관이 없이 남의 언행을 덩달아 따름.

분골쇄신(粉骨碎身) : 뼈를 가루로 만들고 몸을 부순다는 뜻으로, 정성으로 노력함을 이르는 말.

분기충천(憤氣沖天) : 분한 기운이 하늘에 솟구치듯 대단함.

분서갱유(焚書坑儒) : 진시황이 책을 불사르고 학자들을 땅에 묻은 일을 말함.

불가사의(不可思議) : 사람의 생각으로는 미루어 헤아릴 수 없이 이상하고 야릇함.

불문곡직(不問曲直) : 옳고 그른 것을 묻지 않고 다짜고짜로.

불원천리(不遠千里) : 천 리를 멀다 여기지 않음.

불철주야(不撤晝夜) : 밤낮을 가리지 않음. 조금도 쉴 사이 없이 일에 힘쓰는 모양.

불편부당(不偏不黨) : 어느 편에도 치우치지 않고 공평한 입장을 유지함.

불학무식(不學無識) : 배우지 못하여 아는 것이 없음.

비몽사몽(非夢似夢) : 꿈인지 현실인지 어렴풋한 상태를 말함.

비분강개(悲憤慷慨) : 슬프고도 분하여 마음이 북받침.

비일비재(非一非再) : 한두 번이 아님. 또는 한둘이 아님.

사고무친(四顧無親) : 사방을 둘러보아도 의지할 만한 사람이 없음.

사면초가(四面楚歌) : 사방이 다 적에게 둘러싸인 경우, 도움이 없이 고립된 상태.

사분오열(四分五裂) : 이리저리 나눠지고 찢어짐. 천하가 매우 어지러움.

사상누각(沙上樓閣) : '모래 위의 누각'이라는 뜻으로, 오래 유지되지 못할 일이나 실현 불가능한 일을 말함.

사서삼경(四書三經) : 유학의 대표적인 경전. 사서는 논어·맹자·대학·중용을 말하고, 삼경은 시경·서경·주역을 말함.

사통오달(四通五達) : 길이나 교통망·통신망 등이 사방으로 막힘없이 통함.

사필귀정(事必歸正) : 만사는 반드시 바른길로 돌아옴.

산전수전(山戰水戰) : '산에서 싸우고 물에서 싸웠다', 즉 세상 경험이 많음을 말함.

산해진미(山海珍味) : 산과 바다에서 나는 물건으로 만든 맛좋은 음식.

살신성인(殺身成仁) : 옳은 일을 위하여 자기 몸을 희생함.

삼고초려(三顧草廬) : 유비가 제갈량의 집을 세 번이나 찾아가서 그를 초빙하여 군사(軍師)로 삼은 일에서, 인재를 맞기 위해 애쓰는 것을 말함.

삼척동자(三尺童子) : 키가 석 자에 불과한 작은 어린애.

삼천지교(三遷之教) : 맹자의 어머니가 맹자의 교육을 위해 집을 세 번 옮긴 일.

상전벽해(桑田碧海) : '뽕나무 밭이 변하여 푸른 바다가 된다'는 데서, 세상의 일이 덧없이 바뀌는 것을 말함.

새옹지마(塞翁之馬) : 인생의 길흉화복이란 항상 바뀌어 예측할 수 없다는 말.

생자필멸(生者必滅) : 불교 용어로 생명이 있는 것은 반드시 죽는다는 말.

선견지명(先見之明) : 앞일을 미리 내다보는 밝은 지혜.

선공후사(先公後私) : 공적인 일을 먼저 하고 사적인 일을 뒤로 미룸.

선남선녀(善男善女) : 선량한 남녀. 곧, 보통 사람.

설상가상(雪上加霜) : '눈 위에 서리가 덮인다', 즉 불행한 일이 거듭 겹침.

설왕설래(說往說來) : 서로 자신의 주장을 내세우며 옥신각신하는 것을 말함.

섬섬옥수(纖纖玉手) : 가냘프고 고운 여자의 손. 미인의 손.

세속오계(世俗五戒) : 신라 시대 화랑의 다섯 가지 계율.

소탐대실(小貪大失) : 작은 것을 탐하다가 큰 것을 잃음.

속수무책(束手無策) : 손을 묶어 놓은 듯이 꼼짝할 수 없음을 말함.

송구영신(送舊迎新) : 묵은해를 보내고 새해를 맞음.

수구초심(首邱初心) : '여우가 죽을 때 머리를 자기가 살던 굴로 향한다'는 말로서, 고향을
　　　　　　　　　　 그리워하는 마음을 일컬음.

수수방관(袖手傍觀) : 팔짱을 끼고 곁에서 보고만 있다는 뜻으로, 직접 간여하지 않고 그대
　　　　　　　　　　 로 버려둠을 이르는 말.

수신제가(修身齊家) : 몸을 닦고 집안을 바로 잡음.

수어지교(水魚之交) : 물과 고기의 사이처럼 떨어질 수 없는 특별히 가까운 사이.

순망치한(脣亡齒寒) : '입술이 없으면 이가 시리다'는 뜻으로, 가까운 사람 가운데 한 사람이
　　　　　　　　　　 없으면 다른 사람도 위험하게 됨을 말함.

승승장구(乘勝長驅) : 싸움에서 이긴 기세를 타고 계속 적을 몰아침.

시시비비(是是非非) : 옳고 그름을 가리어 밝힘.

시종일관(始終一貫) : 처음부터 끝까지 한결같이 관철함.

식자우환(識字憂患) : 글자를 아는 것이 도리어 근심을 사게 된다는 말.

신상필벌(信賞必罰) : 상을 줄 만한 사람에게는 반드시 상을 주고, 벌을 줄 만한 사람에게는
　　　　　　　　　　 반드시 벌을 줌. 상벌을 공정하고 엄중히 하는 일.

신체발부(身體髮膚) : 몸과 머리털과 피부. 곧, 몸 전체.

신출귀몰(神出鬼沒) : 자유자재로 출몰하여 그 변화를 헤아릴 수 없음.

신토불이(身土不二) : 사람의 몸과 토양은 불가분의 관계에 있음을 말함.

실사구시(實事求是) : 실제의 일에서 진리를 추구한다는 데서, 사실에 의거하여 진리를 탐구
　　　　　　　　　　 하는 것을 말함.

심사숙고(深思熟考) : 깊이 생각하고 곰곰 생각함.

심산유곡(深山幽谷) : 깊은 산의 으슥한 골짜기.

십중팔구(十中八九) : 열이면 그 가운데 여덟이나 아홉은 그러함.

아비규환(阿鼻叫喚) : 아비지옥의 고통을 못 참아 울부짖는 소리. 몹시 참혹한 광경을 형용하는 말.

아전인수(我田引水) : '제 논에 물 대기', 즉 자기에게만 이롭게 되도록 생각하거나 행동함.

악전고투(惡戰苦鬪) : 몹시 어렵게 싸우는 것.

안빈낙도(安貧樂道) : '가난함을 편안히 여기면서 도를 즐긴다'는 데서, 구차하고 가난한 가운데서도 편한 마음으로 도를 즐기는 것을 말함.

안하무인(眼下無人) : 눈 아래 사람이 없음. 곧, 교만하여 사람을 업신여김.

암중모색(暗中摸索) : 물건 등을 어둠 속에서 더듬어 찾음. 일을 어림짐작함.

애걸복걸(哀乞伏乞) : 갖가지 수단으로 하소연하는 것을 말함.

애매모호(曖昧模糊) : 애매하고 모호함. 곧, 분명치 않음.

약방감초(藥房甘草) : 약방의 감초. 무슨 일이나 빠짐없이 끼여야 할 사물.

약육강식(弱肉强食) : 약한 자는 강한 자에게 먹힘.

애지중지(愛之重之) : 몹시 사랑하고 소중히 여김.

양두구육(羊頭狗肉) : '양의 머리를 내놓고 실제로는 개고기를 판다'는 뜻으로, 겉으로는 그럴 듯하게 내세우나 속은 부실함을 말함.

양상군자(梁上君子) : 도둑을 점잖게 가리키는 말.

어동육서(魚東肉西) : 제사 음식을 차릴 때의 예법으로, 생선은 동쪽에 고기는 서쪽에 놓는 것.

어두육미(魚頭肉尾) : 물고기는 머리 부분이 맛이 있고, 짐승의 고기는 꼬리 부분이 더 맛이 있다는 말.

어두일미(魚頭一味) : 물고기는 머리 부분이 맛이 가장 좋다는 말.

어부지리(漁父之利) : 둘이 싸우는 바람에 제삼자가 이익을 봄. 도요새와 무명조개가 다투는 틈을 타서 어부가 둘 다 잡았다는 고사에서 유래함.

어불성설(語不成說) : 말이 도무지 이치에 맞지 않음을 말함.

언어도단(言語道斷) : 어이가 없어 그 어떤 말로도 표현할 수 없음을 이르는 말.

언중유골(言中有骨) : '말 속에 뼈가 있다', 즉 예사로운 말 속에 심상치 않은 뜻이 있음을 의미하는 말.

엄처시하(嚴妻侍下) : 아내에게 쥐어 사는 남편을 조롱하는 말.

역지사지(易地思之) : 서로의 처지를 바꾸어 생각함.

연전연승(連戰連勝) : 때마다 연이어 이김.

영고성쇠(榮枯盛衰) : 개인이나 사회의 성하고 쇠함은 한결같지 않음.

오곡백과(五穀百果) : 온갖 곡식과 온갖 과일. 오곡은 쌀·보리·조·콩·기장의 다섯 가지 곡식을 말함.

오리무중(五里霧中) : '짙은 안개 속에서 길을 찾아 헤맨다'는 뜻. 무슨 일에 대하여 알 길이 없거나 마음을 잡지 못하여 허둥댐을 이름.

오만불손(傲慢不遜) : 오만하여 공손하지 못함.

오매불망(寤寐不忘) : '자나깨나 잊지 못한다'는 데서, 늘 잊지 못함을 말함.

오비이락(烏飛梨落) : '까마귀 날자 배 떨어진다'는 말로, 일이 공교롭게 같이 일어나 남의 의심을 받게 됨을 이르는 함.

오상고절(傲霜孤節) : '서릿발이 심한 속에서도 꺾이지 않고 지키는 절개'의 뜻으로, 국화를 비유하는 말.

오월동주(吳越同舟) : 서로 원수지간인 사람이 한 자리에 있는 것을 말함. 또, 서로 반목하면서도 공통의 곤란·이해에 대하여 협력하는 일을 비유하는 말.

오합지졸(烏合之卒) : '까마귀 떼가 모인 것처럼 규율이 없는 병졸'을 이르는 데서, 즉 어중이떠중이를 이르는 말.

온고지신(溫故知新) : 옛 것을 배우고 새 것을 앎.

와신상담(臥薪嘗膽) : '섶에 눕고 쓸개를 맛본다'는 뜻으로, 원수를 갚으려고 고생을 참고 견딤을 이르는 말.

왈가왈부(曰可曰否) : 어떤 일에 대하여 옳다거니, 옳지 않다거니 하고 말함.

외유내강(外柔內剛) : 겉으로는 부드럽고 순한 듯하나 실제 속은 꿋꿋하고 곧음.

요령부득(要領不得) : 말이나 글의 요령을 잡지 못함을 말함.

요산요수(樂山樂水) : 산을 좋아하고 물을 좋아함, 즉 산수를 좋아함.

요조숙녀(窈窕淑女) : 행실이 얌전하고 조용한 여자.

요지부동(搖之不動) : 아무리 흔들어도 꼼짝 않음.

용두사미(龍頭蛇尾) : '용의 머리와 뱀의 꼬리'라는 뜻에서, 시작만 그럴싸하게 좋고 뒤는 좋지 않음을 비유함.

용의주도(用意周到) : 마음 씀씀이가 두루 미친다는 데서, 마음의 준비가 두루 미쳐서 빈틈이 없음을 말함.

용호상박(龍虎相搏) : '용과 범이 서로 싸운다', 즉 강한 두 사람이 싸우는 것.

우공이산(愚公移山) : 우공이 긴 세월 자기 집 앞의 산을 딴 곳으로 옮기려고 노력해 결국 이루었다는 고사에서 유래. 꾸준히 노력하면 성공한다는 비유임.

우여곡절(迂餘曲折) : 뒤얽혀 복잡해진 사정.

우왕좌왕(右往左往) : 오른쪽으로 갔다 왼쪽으로 갔다 하며 도무지 종잡지 못함.

우유부단(優柔不斷) : 우물쭈물하며 딱 잘라 결단을 내리지 못함.

우이독경(牛耳讀經) : '쇠귀에 경 읽기', 곧 아무리 말해도 소용이 없음을 말함.

우후죽순(雨後竹筍) : '비 온 뒤에 솟아나는 죽순'이란 뜻에서, 어떠한 일이 한때에 우르르

많이 일어나는 것을 비유함.

위기일발(危機一髮) : 극히 위급한 순간.

유구무언(有口無言) : '입은 있으나 말이 없다'는 뜻으로, 변명할 말이 없거나 변명을 할 수 없음을 이르는 말. 할 말이 없음.

유만부동(類萬不同) : 모든 것이 서로 같지 않음. 분수에 맞지 않음을 이르는 말.

유명무실(有名無實) : 이름만 있고 실속은 없음을 이르는 말.

유비무환(有備無患) : 준비가 철저히 되어 있으면 근심거리가 없다는 말.

유아독존(唯我獨尊) : 오로지 자기만이 홀로 존귀하다는 데서, 이 세상에 자기 혼자만이 뛰어났다고 하는 일.

유언비어(流言蜚語) : 아무 근거 없이 널리 퍼진 소문.

유유상종(類類相從) : 서로 환경과 처지가 비슷한 사람끼리 왕래하며 상종함.

유유자적(悠悠自適) : '한가롭게 스스로 노닌다'는 데서, 세상사의 속박을 벗어나 자기가 하고 싶은 대로 마음 편히 사는 것을 말함.

은인자중(隱忍自重) : 마음속으로 괴로움을 참으며 몸가짐을 살펴 스스로 조심함.

음담패설(淫談悖說) : 음탕하고 상스런 이야기.

읍참마속(泣斬馬謖) : 제갈량이 군령을 어긴 마속을 울면서 참형에 처한 고사에서 나온 말. 큰 목적을 위해 자기가 아끼는 자를 버리는 것을 비유함.

의기소침(意氣銷沈) : 의기가 쇠하여 약해짐.

의기양양(意氣揚揚) : 의기가 왕성한 모양.

의미심장(意味深長) : 말이나 글의 뜻이 매우 심오하고 깊음.

의심암귀(疑心暗鬼) : 의심하는 마음이 있으면 실제로 있지도 않은 귀신이 나오는 것처럼 느껴진다는 뜻.

이구동성(異口同聲) : '다른 입에서 같은 소리를 낸다'는 데서, 여러 사람의 말이 한결같음을 말함.

이실직고(以實直告) : 사실대로 바로 고하는 것.

이심전심(以心傳心) : 말이나 글에 의하지 않고 마음에서 마음으로 전달됨.

이열치열(以熱治熱) : 열로 열을 다스림. 곧, 힘은 힘으로써 물리침.

이용후생(利用厚生) : 기구를 편리하게 쓰고, 먹을 것과 입을 것을 넉넉하게 하여 백성의 생활을 나아지게 함.

이전투구(泥田鬪狗) : '진흙밭에서 싸우는 개', 즉 저속하고 경박한 싸움을 말함.

이합집산(離合集散) : 흩어져 헤어졌다가 모였다가 하는 일.

인과응보(因果應報) : 좋은 인연에는 좋은 보응이 오고, 나쁜 인연에는 나쁜 보응이 온다는 불교 용어.

인면수심(人面獸心) : '사람의 얼굴을 하고서 짐승과 같은 마음을 가짐', 곧 남의 은혜를 모르는 사람이나 행동이 흉악한 사람을 비난하는 말.

인명재천(人命在天) : 사람의 목숨은 하늘에 달려 있다는 말.

인사불성(人事不省) : '사람으로서 해야 할 일을 깨닫지 못한다'는 데서, 정신을 잃어 의식이 없는 것, 사람으로서의 예절을 차릴 줄 모르는 것을 말함.

인지상정(人之常情) : 사람의 보편적인 인정. 사람이면 누구나 갖는 보통의 인정.

일거양득(一擧兩得) : 한 가지 일을 하여 두 가지의 이득을 거두는 일.

일기당천(一騎當千) : 한 사람의 기병이 천 사람의 적을 당해낼 수 있음. 곧, 무예가 몹시 뛰어남을 비유하는 말.

일망타진(一網打盡) : 한 그물에 물고기를 모조리 다 잡듯이, 한꺼번에 몽땅 다 잡아서 처치함을 말함.

일맥상통(一脈相通) : '하나의 맥락으로 서로 통한다'는 데서, 성질이나 성격이 한 가지로 통함을 이르는 말.

일목요연(一目瞭然) : 한눈에도 분명하게 알 수 있음.

일벌백계(一罰百戒) : 본보기로서 하는 처벌. 한 사람이나 한 가지 죄를 벌줌으로써 여러 사람을 경계함.

일사불란(一絲不亂) : '한 타래의 실이 전혀 엉클어지지 않았다'는 데서, 질서정연하여 조금도 흐트러짐이 없음을 이르는 말.

일사천리(一瀉千里) : 강물의 흐름이 빨라서 한 번 흘러 천 리 밖에 다다름. 어떤 일이 조금도 거침없이 신속하게 진행됨. 문장이나 구변이 거침이 없음.

일석이조(一石二鳥) : '한 개의 돌로 두 마리의 새를 잡는다'는 말. 곧, 한 가지 일을 하여 두 가지 이득을 거두는 일.

일어탁수(一魚濁水) : '한 마리의 고기가 물을 흐린다'는 뜻에서, 한 사람의 잘못으로 여러 사람이 그 피해를 입게 됨을 비유하는 말.

일언반구(一言半句) : 한 마디의 말과 한 구(句)의 반. 곧, 아주 짧은 말이나 글귀.

일언지하(一言之下) : 말 한 마디로 끊음. 한 마디로 딱 잘라 말함.

일엽편주(一葉片舟) : 하나의 잎사귀와 같은 작은 배.

일일삼추(一日三秋) : 일일여삼추(一日如三秋). 곧, 하루가 삼 년이나 되는 것처럼 길게 느껴짐. 몹시 마음을 졸이며 기다림을 일컫는 말.

일자무식(一字無識) : 단 한 글자도 아는 것이 없음.

일장춘몽(一場春夢) : 한바탕의 봄꿈처럼 헛된 영화. 인생의 영고성쇠가 허무하고 덧없음을 비유한 말.

일진광풍(一陣狂風) : 한바탕 요란하게 부는 사나운 바람.

일진일퇴(一進一退) : 한 번 앞으로 나아가고 한 번 뒤로 물러섬.

일촉즉발(一觸卽發) : 조금만 닿아도 곧 폭발할 것 같은 모양. 어떤 일이 막 일어날 듯하여 위험한 지경.

일촌광음(一寸光陰) : 일촌의 시간. 곧, 아주 짧은 시간.

일취월장(日就月將) : '날로 나아가고 달로 나아간다'는 데서, 학문 등이 날마다 달마다 진보함을 말함.

일파만파(一波萬波) : '하나의 물결이 수많은 물결이 된다'는 데서, 하나의 사건이 여러 가지로 자꾸 확대되는 것을 이르는 말.

일편단심(一片丹心) : 한 조각의 붉은 마음. 곧, 충성된 마음.

일필휘지(一筆揮之) : 글씨나 그림을 단 한 번에 휘날려 쓰거나 그림.

일확천금(一攫千金) : 힘을 안 들이고 한꺼번에 많은 재물을 얻음.

일희일비(一喜一悲) : 한편으로 기쁘고 한편으로 슬픔. 기쁜 일과 슬픈 일이 번갈아 일어남을 이르는 말.

임기응변(臨機應變) : 일의 형편에 따라서 그때그때 융통성 있게 일을 처리함.

자가당착(自家撞着) : 동일인의 문장이나 언행이 앞뒤가 서로 맞지 않아 모순됨.

자격지심(自激之心) : 어떤 일을 해 놓고 자기 스스로 부족하게 여기는 마음.

자수성가(自手成家) : 물려받은 재산이 없이 오직 자신의 힘으로 살림을 일으킴.

자승자박(自繩自縛) : '자기의 줄로 자기의 몸을 옭아 묶다'는 뜻으로, 자기의 말이나 행동으로 자기가 속박을 당하는 것을 이르는 말.

자업자득(自業自得) : 자기가 저지른 일의 업보를 자기 자신이 받는 일.

자중지란(自中之亂) : 제 편끼리 하는 다툼질.

자초지종(自初至終) : 처음부터 끝까지의 동안. 또는 처음부터 끝까지의 과정. 어떤 사실의 처음부터 끝까지.

자포자기(自暴自棄) : 스스로 자기의 몸을 해치고 자기의 몸을 버림. 곧, 실망이나 타락하여 조금도 노력해 나아가려고 하지 않는 마음가짐이나 몸가짐.

자화자찬(自畵自讚) : '자기가 그린 그림을 스스로 칭찬한다'는 뜻으로, 자신의 행위를 스스로 칭찬함을 가리킴.

작심삼일(作心三日) : 한 번 결심한 것이 사흘을 못 감, 즉 결심이 약함을 뜻함.

장삼이사(張三李四) : '장씨의 삼남과 이씨의 사남'이라는 뜻에서, 성명이나 신분이 뚜렷하지 않은 평범한 사람들을 말함.

재자가인(才子佳人) : 재주가 있는 남자와 아름다운 여자.

적반하장(賊反荷杖) : '도둑이 오히려 매를 든다'는 데서, 잘못한 자가 도리어 잘한 사람을 비난할 경우에 쓰는 말.

적수공권(赤手空拳) : 맨손과 맨주먹. 곧, 아무것도 가진 것이 없음을 이르는 말.

적재적소(適材適所) : 적당한 인재를 적당한 자리에 씀.

전광석화(電光石火) : '번갯불과 돌이 서로 부딪치거나 또는 돌과 쇠가 맞부딪칠 때 일어나는 불', 즉 아주 짧은 시간이나 아주 빠른 동작을 이르는 말.

전대미문(前代未問) : 지금까지 전혀 들어 본 일이 없는 새로운 일을 이르는 말.

전도양양(前途洋洋) : 앞길이 탁 트여 있음을 이르는 말.

전도유망(前途有望) : 앞길에 희망이 있음. 곧, 장래가 유망함.

전무후무(前無後無) : 전에도 없었고 후에도 없음.

전전긍긍(戰戰兢兢) : 몹시 두려워하여 조심하는 모양.

전화위복(轉禍爲福) : 화가 바뀌어서 복이 됨.

절차탁마(切磋琢磨) : '옥석 등을 자르고 갈고 쪼고 다듬는다'는 뜻으로, 학문과 덕행을 힘써 갈고 닦는 것을 이르는 말.

절치부심(切齒腐心) : 아주 분하여 이를 갈면서 속을 썩임.

점입가경(漸入佳境) : 점점 흥미로운 경지로 들어감.

정중지와(井中之蛙) : '우물 안 개구리'라는 뜻으로, 식견이 좁음의 비유하는 말.

조강지처(糟糠之妻) : 가난할 때에 어려움을 같이 한 아내. 조강은 지게미와 쌀겨로 가난한 살림을 이르는 말.

조령모개(朝令暮改) : '아침에 명령을 내렸다가 저녁에 고친다'는 말로, 무슨 일을 자주 변경함을 이르는 말.

조변석개(朝變夕改) : '아침저녁으로 뜯어 고친다'는 뜻으로, 계획이나 결정 따위가 일관성이 없이 자주 바뀌거나 고침을 비유하는 말.

조삼모사(朝三暮四) : 눈앞에 보이는 차이만을 알고 결과가 똑같은 것을 모르거나, 간시한 꾀로 사람을 속여 농락함을 이르는 말.

조족지혈(鳥足之血) : '새 발의 피', 즉 물건의 분량이 극히 적음을 비유하는 말.

종횡무진(縱橫無盡) : '세로와 가로로 다함이 없다'는 데서, 자유자재하여 끝이 없는 상태를 이르는 말.

좌고우면(左顧右眄) : '왼쪽으로 돌아보고 오른쪽으로 돌아본다'는 데서, 이쪽저쪽 돌아보는 것을 이르는 말. 주위의 사람을 염려하여 결단을 망설임.

좌불안석(坐不安席) : 마음에 초조·불안·근심 등이 있어 한 자리에 오래 앉아 있지 못함을 이르는 말.

좌지우지(左之右之) : 자기의 마음대로 자유롭게 처리함. 남을 마음대로 지휘하고 휘두름.

좌충우돌(左衝右突) : 이리저리 마구 치고받고 함.

주객일체(主客一體) : '주인과 손이 한 몸'이라는 데서, 나와 나 밖의 대상이 하나가 됨을 이르는 말.

주객전도(主客顚倒) : '주인과 손이 뒤바뀐다'는 데서, 사물의 경중·완급·선후가 서로 바뀜을 이르는 말.

주경야독(晝耕夜讀) : '낮에는 농사를 짓고 밤에는 독서를 한다'는 데서, 바쁜 틈을 타서 힘들게 공부하는 것, 또는 한가롭고 운치 있는 생활을 이르는 말.

주마가편(走馬加鞭) : 달리는 말에 채찍질을 하여 더 빨리 달리게 함. 자신의 위치에 만족하지 않고 계속 노력함을 이르는 말.

주마간산(走馬看山) : '달리는 말 위에서 산천초목을 구경한다'는 데서, 바빠서 자세히 보지 못하고 지나침을 이르는 말.

주지육림(酒池肉林) : '술이 못을 이루고 고기가 숲을 이루었다'는 뜻에서, 대단한 술잔치를 이르는 말.

죽마고우(竹馬故友) : 죽마를 타고 놀던 오래 된 벗. 어릴 때부터 친하게 사귄 벗.

중과부적(衆寡不敵) : 적은 사람으로는 많은 사람을 대적하지 못함.

중구난방(衆口難防) : '여러 사람의 입은 막기가 어렵다'는 뜻으로, '뭇 사람이 이러쿵저러쿵하는 말을 막아 내기가 어려움'을 이르는 말.

지동지서(之東之西) : '동으로 갔다 서로 갔다' 함. 곧, 어떤 일에 자기의 주견이 없이 이리저리 갈팡질팡함을 이르는 말.

지록위마(指鹿爲馬) : 사슴을 가리켜 말이라고 함, 즉 윗사람을 농락하여 권세를 마음대로 휘두르는 것.

지리멸렬(支離滅裂) : 서로 갈라져 흩어지고 찢겨 나뉨. 어떤 일의 갈피를 잡을 수 없음을 이르는 말.

지성감천(至誠感天) : 지극한 정성에 하늘이 감동함.

지지부진(遲遲不進) : 일이 더디고 더뎌서 진척이 되지 않음.

진수성찬(珍羞盛饌) : 맛이 뛰어나게 좋고 많이 잘 차린 음식.

진퇴양난(進退兩難) : '나아가는 것과 물러서는 것이 둘 다 어렵다'는 데서, 나아갈 수도 물러설 수도 없는 궁지에 빠짐을 이르는 말.

진퇴유곡(進退維谷) : '나아가거나 물러서거나 오직 골짜기뿐'이라는 데서, 꼼짝할 수 없는 궁지에 빠짐을 이르는 말.

차일피일(此日彼日) : 이날저날. 자꾸 날짜를 미루어 가는 경우에 씀.

창해일속(滄海一粟) : '큰 바다에 뜬 한 알의 좁쌀'이라는 뜻에서, 대단히 큰 물건 속에 있는 매우 작은 물건을 이르는 말.

천고마비(天高馬肥) : '하늘은 높고 말은 살찐다', 가을이 아주 좋은 절기라는 뜻.

천방지축(天方地軸) : 못난 사람이 함부로 설치고 날뛰는 일. 너무 급박해 방향을 잡지 못하고 함부로 나대는 일.

천생연분(天生緣分) : 하늘에서 정해 준 연분.

천신만고(千辛萬苦) : 온갖 신고. 또 그것을 겪음.

천양지차(天壤之差) : 하늘과 땅의 차이. 곧, 커다란 차이. 천양지판(天壤之判).

천우신조(天佑神助) : 하늘이 돕고 신이 도움.

천인공노(天人共怒) : 하늘과 사람이 함께 노한다는 뜻으로, 누구나 분노할 만큼 증오스럽거나 도저히 용납할 수 없음을 이르는 말.

천자만홍(千紫萬紅) : 울긋불긋한 다양한 꽃의 빛깔이나 그 꽃.

천재일우(千載一遇) : 천 년에 한 번 만날 정도로, 어려운 절호의 기회.

천재지변(天災地變) : 하늘의 재앙과 땅의 변동.

천정부지(天井不知) : '천장을 모른다', 즉 물가 등이 끝없이 치솟는 것을 말함.

천지신명(天地神明) : 조화를 맡은 신령.

천진난만(天眞爛漫) : 자연 그대로의 모습이 언행으로 나타나는 것.

천진무구(天眞無垢) : 자연 그대로의 모습을 간직해 더러움이 없음.

천차만별(千差萬別) : 모든 사물이 모두 차이가 있고 구별이 있음.

천편일률(千篇一律) : 많은 사물이 크게 다를 바가 없이 모두 비슷비슷함을 말함.

천하무적(天下無敵) : 이 세상에서 감히 대적할 만한 자가 없음.

천하태평(天下泰平) : 온 세상이 평안함. 걱정이나 근심이 없이 두루 평안함.

철두철미(徹頭徹尾) : 처음부터 끝까지 투철함. 처음부터 끝까지 철저하게.

첩첩산중(疊疊山中) : 첩첩이 겹친 산 속.

청산유수(靑山流水) : 푸른 산과 맑은 물, 막힘없이 썩 잘하는 말을 비유하는 말.

청천벽력(靑天霹靂) : '맑게 갠 하늘의 벼락'이라는 뜻으로, 뜻밖에 일어난 큰 변동, 또는 갑자기 생긴 큰 사건을 이르는 말.

청출어람(靑出於藍) : '쪽에서 나온 푸른 물감이 쪽보다 더 푸르다'는 뜻으로, 제자가 스승보다 나음을 말함.

초로인생(草露人生) : 풀잎에 맺힌 이슬처럼 무상한 인생.

초지일관(初志一貫) : 처음 품은 뜻을 끝같이 한결같이 관철함.

촌철살인(寸鐵殺人) : '한 치의 쇠붙이로 사람을 죽인다'는 데서, 짧은 말로 어떤 일의 급소를 찔러 사람을 크게 감동시키는 것을 이르는 말.

추풍낙엽(秋風落葉) : 가을바람에 흩어져 떨어지는 낙엽. 권세나 세력 등이 한순간에 실추됨을 비유하는 말.

출가외인(出嫁外人) : 시집을 간 딸은 이제 남이나 마찬가지라는 뜻.

취사선택(取捨選擇) : 취할 것은 취하고 버릴 것은 버리고 골라잡음.

취생몽사(醉生夢死) : '술에 취하여 꿈을 꾸다가 죽는다'는 말로, 아무런 의미도 없이, 이룬 일도 없이 한평생을 지리멸렬하게 보내는 것을 이르는 말.

칠전팔기(七顚八起) : '일곱 번 넘어져도 여덟 번 일어난다'는 데서, 여러 번의 실패에도 굽히지 않고 다시 일어나는 것을 말함.

침소봉대(針小棒大) : 대수롭지 않은 일을 과장해서 크게 말함.

쾌도난마(快刀亂麻) : '심하게 뒤얽힌 삼의 가닥을 아주 잘 드는 칼로 베어 버린다'는 데서, 무질서한 상황을 통쾌하게 풀어 버리는 것을 이르는 말.

타산지석(他山之石) : '다른 산에 있는 나쁜 돌도 자기의 구슬을 가는 데에 소용이 된다'는 데서, 남의 하찮은 언행일지라도 배울 것이 있다는 뜻.

탁상공론(卓上空論) : 실천성이 없는 허황된 이론.

탐관오리(貪官汚吏) : 탐욕이 많은 청렴하지 못한 관리를 이르는 말.

토사구팽(兎死狗烹) : '토끼가 잡히면 사냥개는 삶아 먹힌다', 즉 필요할 때는 이용하고 이용 가치가 없을 때는 버리는 것을 이르는 말.

파란만장(波瀾萬丈) : 사람의 생활이나 일에 곡절과 시련이 많고 변화가 심함.

파죽지세(破竹之勢) : 대를 쪼개는 듯, 막을 수 없는 강한 형세를 가리키는 말.

팔방미인(八方美人) : 여러 방면에 능통한 사람을 비유적으로 이르는 말.

패가망신(敗家亡身) : 가산을 탕진하고 몸을 망침.

포복절도(抱腹絶倒) : 너무나 우스워서 배를 안고 넘어질 정도라는 말.

표리부동(表裏不同) : 겉과 속이 다름.

풍수지탄(風樹之嘆) : 부모가 돌아가신 뒤에 효도를 다하지 못한 것을 슬퍼함.

풍전등화(風前燈火) : '바람 앞의 등불', 즉 몹시 위태로운 상황을 이르는 말.

풍찬노숙(風餐露宿) : '바람 속에서 먹고 이슬을 맞으며 잔다'는 뜻으로, 한데에서 먹고 자는 것을 이르는 말.

피골상접(皮骨相接) : 살가죽과 뼈가 서로 맞붙을 만큼이나 몹시 마름.

피차일반(彼此一般) : 저편이나 이편이나 같음. 두 편이 서로 같음을 이르는 말.

필부필부(匹夫匹婦) : 한 남자와 한 여자, 곧 평범한 남녀, 보통 사람을 이르는 말.

학수고대(鶴首苦待) : 학의 목처럼 목을 길게 늘여 애태우며 기다린다는 말.

함흥차사(咸興差使) : 심부름꾼이 가서 감감소식이거나 회답이 더딜 때에 쓰는 말.

허심탄회(虛心坦懷) : 마음속에 사념이 없이 품은 생각을 다 터놓고 말함.

허장성세(虛張聲勢) : 아무런 실속도 없이 허세만 부림.

현모양처(賢母良妻) : 지혜로운 어머니이면서 또한 착한 아내.

혈혈단신(孑孑單身) : 주위에 아무도 없이 외로운 처지의 홀몸.

형설지공(螢雪之功) : 애써 공부한 보람. 형설은 중국 진나라의 차윤이 반딧불로 글을 읽고, 손강이 눈빛으로 글을 읽었다는 고사에서 유래함.

호가호위(狐假虎威) : '여우가 범의 위세를 빌린다'는 데서, 남의 세력을 빌려 위세를 부리는 것을 이르는 말.

호구지책(糊口之策) : 입에 풀칠할 방책, 곧 가난한 형편에 겨우 끼니를 잇는 방책.

호사다마(好事多魔) : 좋은 일에는 흔히 장애가 끼기 쉬움.

호시탐탐(虎視眈眈) : 범이 먹이를 노려서 눈을 부릅뜨고 노려봄. 기회를 노리면서 가만히 정세를 관망하는 것을 이르는 말.

호언장담(豪言壯談) : 호기스러운 말과 자신에 찬 말.

호연지기(浩然之氣) : 하늘과 땅 사이에 가득 찬 넓고 큰 원기.

호의호식(好衣好食) : '좋은 옷과 맛있는 음식', 즉 잘 입고 잘 먹는 것을 이름.

호형호제(呼兄呼弟) : 형이니 아우니 부를 만큼 가까운 친구 사이를 이르는 말.

혹세무민(惑世誣民) : 세상을 어지럽히고 백성을 속이는 것.

혼비백산(魂飛魄散) : 어떤 일로 몹시 놀라 어쩔 줄 모르는 상황을 이르는 말.

혼연일체(渾然一體) : 어떤 차별이나 균열이 없이 한 몸이 됨.

홍동백서(紅東白西) : 제사 때 붉은 과실은 동쪽에, 흰 과실은 서쪽에 차리는 격식.

홍익인간(弘益人間) : 널리 인간세상을 이롭게 한다는 뜻.

화룡점정(畫龍點睛) : 사물의 가장 중요한 곳, 또는 무슨 일을 함에 있어서 가장 중요한 부분을 완성시키는 것을 이르는 말.

환골탈태(換骨奪胎) : 사람이 보다 나은 방향으로 변하여 전혀 딴사람처럼 됨.

환호작약(歡呼雀躍) : 기뻐서 소리치며 날뜀.

황당무계(荒唐無稽) : 도무지 언행이 허황되어 믿을 수가 없음.

회자인구(膾炙人口) : 널리 사람들의 입에 오르내리는 것.

회자정리(會者定離) : '만나는 자는 반드시 헤어지게 마련'이라는 불교 용어로, 이 세상의 무상함을 이르는 말.

횡설수설(橫說竪說) : 조리 없는 말을 함부로 떠들어 댐.

후회막급(後悔莫及) : 잘못된 뒤에 아무리 뉘우쳐도 어쩔 도리가 없다는 말.

희로애락(喜怒哀樂) : 기쁨과 노여움과 슬픔과 즐거움. 사람의 갖가지 감정.